二二八現場

劫後餘生

曾慶國◎著

台灣書居 印行

目錄

第三篇　二二八的血與淚

十 死亡人數

二二八事件中，死亡（含失蹤）人數，到底有多少？至今，官方與民間各有說法，差距甚大，學者在研究中，亦各取立場，難以定論。

官方的「行政院研究二二八小組」，在《二二八事件研究報告》一書中，乾脆把官民各方的說法，通通列舉，不做總結，一方面顯示它的嚴謹，不輕易下判斷，一方也顯示它仍在做研究，還沒有結論，以下僅列舉各方面說法，加以整理如后：

㈠警備總部在「台灣省二二八事變記事」中公布：⑴軍警：死九十人，生死不明四十人，小計一三〇名；⑵外省公教及人民：死亡五十七人，失蹤十人，小計六十七人；⑶被擊斃本省人：四十三人；以上合計二四〇人。（文獻續錄，頁四一一、四三六、四三七各統計表）

㈡陳儀曾對何漢文說：事變中死亡者，共三千人左右，四百多人是軍警，八百多人是公職人員，本地人民死者約一千八百人。何氏認為軍警與外省公職人員數目大致可靠，即外省人死一千二百多人。本地人民之死亡數目，則「縮小了很多」。

㈢台灣旅京滬七團體：在關於台灣事件報告書中稱：（文獻補錄，頁六九三）

「自八日至十六日，台胞被屠殺之人數初步合計以高雄為最多，約三千人，基隆台北次之，各約二千餘人，嘉義一千餘人，淡水約一千人，新竹、桃園、台中、台南、苗栗其他各地各一二百人不等，總數在一萬以上，連重輕傷者計之，至少在三萬以上。」

㈣廖德雄口述稱：（台北都會二二八，頁一〇四）

「蔣渭川擔任內政部常務次長時，我與鄧進益、呂伯雄、張晴川、白成枝等人，曾要求他發公文到各地縣市鄉鎮公所，調查二二八事件時的死亡和行方不明的人數。一年後，在蔣渭川公館，曾向我們報告，死亡總計一萬七千多人，失蹤五千多人。」

㈤美國哈佛大學博士，柏克萊大學教授高棣估計，死亡人數大約在一萬至兩萬之間。

㈥日本朝日新聞調查研究室的報告指出：「據說有一萬人至數萬人之多。」

㈦李喬之研究，推估死亡人數，最高為二萬零五百人，最低為一萬五千五百人，取中數為一萬八千人。

㈧另據中統局人員估計，被殺者達三萬人之多，也有人籠統地說，死者達三、四萬人。

㈨又有謂，民國四十二年因「行蹤不明」，而在戶籍上剔除者達十餘萬人，其中多為二二八犧牲者。

㈩李筱峰稱：「死傷多少人，至今仍無法確定論，不過，最常聽到的講法，死亡人數在一萬至二萬人。」（台灣史一百件大事下冊，頁二一一）

⑪另有坊間各種說法，統計如表八以供參考。

綜合以上各種說法，從警備總部公布的二四〇人，陳儀說的三千人左右，到民間說的數萬人，甚至十數萬人，都有人說，哪一種說法較接近事實呢？有什麼根據呢？民間百姓怎麼評量呢？

表八：坊間有關二二八事件死傷人數統計表

作者	資料名稱	事變中死亡人數	作者	資料名稱	事變中死亡人數
楊亮功	楊亮功調查報告	死一九〇人、傷一、七六一人	紐約時報	同年三月二十二日另一記者寶丁專電	一萬人
白崇禧	白崇禧報告書	死傷共一、八六〇人	蘇新	憤怒的台灣	不下一萬人
台灣警備司令部	台灣警備司令部	三千二百人	台灣旅京滬七團體	關於台灣事件報告書	一萬人以上
保安處	保安處	六千三百人	鍾逸人	辛酸六十年	二萬多人
王康	二二八事變親歷記	二千～三千人	彭明敏	自由的滋味	二萬多人
蘇僧、郭建成	拂去歷史明鏡的塵埃	二千六百多人	Geroge Kerr柯喬治（或葛超智）	被出賣的台灣	二萬多人
紐約時報	民國三十六年三月十四日南京專電	二千二百人	王芸生	台灣史話	三、四萬人
辜寬敏	台灣青年	五萬人	王育德	苦悶的台灣之研究	十幾萬人
馬若孟、賴澤涵	悲劇的開始：台灣二二八事件	未做明確數字交代	史明	台灣四百年史	十幾萬人

資料來源：文獻輯錄，頁二八八。

筆者以為，目前有兩件事是可以做的，一是從申請國家補償金的人數統計著手，另一是從人口統計上著手。

一、在國家補償金方面

一九九五年四月七日公布「二二八事件處理及補償條例」，並依此條例成立「財團法人二二八事件紀念基金會」，當年十月七日起接受受難者家屬申請補償金登記。到二〇〇四年十月六日，依條例最後截止申請止，九年間，共受理申請二、七五六件，通過審查有二、二五三件，含死亡六八一件、失蹤一七七件、及羈押徒刑一、三九五件，通過比率八一・七%。通過補償金額七一億六、一一〇萬元。

表九：財團法人二二八事件紀念基金會歷年補償金發放情形統計表

歷年補償金發放金額	歷年通過補償金發放金額	歷年通過件數佔總通過件數比例	歷年補償金通過件數	歷年補償金申請件數	年度
2,487,948,737	2,797,000,000	24.81%	559	1,127	85
2,190,218,438	2,258,300,000	27.12%	611	467	86
990,870,271	806,200,000	12.96%	292	231	87
403,028,887	336,700,000	7.59%	171	259	88
210,919,256	213,300,000	5.37%	121	84	89
206,515,415	171,400,000	3.42%	77	120	90
186,740,721	195,400,000	5.24%	118	199	91
230,991,926	213,600,000	5.95%	134	100	92
120,801,198	112,300,000	3.60%	81	169	93
66,990,219	56,900,000	3.95%	89	0	94
7,095,025,068	7,161,100,000	100.00%	2,253	2,756	總計

說明：依「二二八事件處理及補償條例」補償金申請案受理截至93年10月6日。
資料來源：二二八事件紀念基金會。

已發放七〇億九、五〇二萬五、〇六八元正，審定受領人數八、八二八人。（表九：該基金會公布之「歷年補償金發放情形統計表」）

依理，申請人數一定會少於真正死亡人數，因為一定會有人沒申請，或因沒家屬可請，或因不願申請，或不知道申請，或不合規定條件申請，或找不到證據文件申請……均有，但補償金額不是小數目，知道的人多數會申請才合理，因此，這個數字是可以參考的，用這個數字再加多少才合理，是可以拿來研究的。

二、在人口統計方面

依表十：「本省歷年出生率與死亡率之比較表」，民國三十六年死亡數為一一四、一九六人，較三十七年至四十年都高，計較三十七年的九五、三四〇人，多一八、八五六人；較三十八年的九三、三四九人，多二〇、八四七人；較三十九年的八五、七三七人，多二八、四五九人；較四十年的八九、二五九人，多二四、九三七人。

再依月份計算，依表十一：「民國三十六年本省居民死亡數統計表」來看，其死亡月份，以三、四、五這三個月為高，計，三月份為一〇、三一八人、四月份為一〇、八〇二人，五月份為九、九九三人，除元月份是一〇、二八〇人居高外，其餘月份均較低。

這兩個表，比較出：二二八發生的民國三十六年，死亡數突然增高，而三、四、五月這三個月，正是由發生到五月十六日解嚴的期間，也是死亡數最高期。

表十：本省歷年出生率與死亡率之比較表（民國三十六—四十年）

		民國三十六年	民國三十七年	民國三十八年	民國三十九年	民國四十年
人口總數	計	6,497,734	6,807,601	7,396,931	7,554,399	7,869,247
	男	3,272,297	3,438,230	3,766,018	3,853,799	4,016,708
	女	3,225,437	3,369,371	3,630,913	3,700,600	3,852,539
出生數	計	241,001	263,803	300,843	323,643	385,383
	男	124,086	135,610	154,656	166,079	197,297
	女	116,915	128,193	146,187	157,564	188,086
出生率（‰）	計	37.09	38.75	40.67	42.84	48.97
	男	37.92	39.44	41.07	43.09	49.12
	女	36.25	38.05	40.26	42.58	48.82
死亡數	計	114,196	95,340	93,349	85,737	89,259
	男	60,395	49,892	48,750	44,243	46,225
	女	53,801	45,448	44,599	41,494	43,034
死亡率（‰）	計	17.57	14.00	12.62	11.35	11.34
	男	18.46	14.51	12.94	11.48	11.51
	女	16.68	13.49	12.28	11.21	11.17

資料來源：文獻續錄，頁七八三；曾慶國重校。

表十一：民國三十六年本省居民死亡數（按縣市及月份）統計表

月份	縣市	性別	小計	台北縣	新竹縣	台中縣	台南縣	高雄縣	台東縣	花蓮縣	澎湖縣
男女總計			114,196	15,455	12,528	22,502	22,801	13,645	2,338	3,015	1,218
總計	114,196	男	60,395	8,425	6,468	11,954	11,999	7,140	1,188	1,596	628
		女	53,801	7,030	6,060	10,548	10,802	6,505	1,150	1,419	590
一月	10,280	男	5,540	694	560	1,226	1,356	571	125	104	67
		女	4,740	581	546	1,003	1,197	503	100	87	38
二月	9,184	男	4,925	729	585	928	927	565	37	109	51
		女	4,259	593	531	817	792	490	50	88	47
三月	10,318	男	5,640	809	666	986	1,092	752	81	130	65
		女	4,678	631	606	855	842	634	76	94	63
四月	10,802	男	5,864	890	692	950	1,055	831	107	172	45
		女	4,938	631	609	790	918	733	82	151	46
五月	9,993	男	5,332	809	551	951	1,039	645	111	169	46
		女	4,661	698	518	861	905	551	81	137	38
六月	8,849	男	4,655	682	479	937	842	522	110	99	82
		女	4,194	583	427	791	823	506	98	103	85
七月	9,353	男	4,834	695	539	978	877	549	119	133	47
		女	4,519	646	494	902	865	510	119	124	49
八月	9,282	男	4,838	673	563	1,029	881	530	107	165	57
		女	4,444	590	504	954	787	486	145	144	66
九月	9,031	男	4,628	593	451	969	889	535	113	156	56
		女	4,403	532	485	893	848	536	118	147	43
十月	9,177	男	4,725	635	451	1,007	991	553	92	111	39
		女	4,452	561	481	899	894	556	112	110	55
十一月	8,599	男	4,535	590	488	940	951	523	91	110	41
		女	4,064	443	437	844	918	508	86	114	23
十二月	9,328	男	4,879	626	443	1,053	1,099	564	95	138	32
		女	4,449	541	422	939	1,013	492	83	120	37

月份	性別	台北市	基隆市	新竹市	台中市	彰化市	嘉義市	台南市	高雄市	屏東市
男女總計		4,089	1,837	2,007	2,322	1,072	2,136	2,413	2,824	1,994
總計	男	2,171	1,008	1,035	1,229	554	1,151	1,265	1,517	1,067
	女	1,918	829	972	1,093	518	985	1,148	1,307	927
一月	男	178	69	117	64	42	103	78	101	85
	女	148	41	116	62	32	69	67	69	81
二月	男	228	54	87	124	47	112	133	121	88
	女	216	52	91	106	35	85	114	87	65
三月	男	178	118	106	111	45	81	135	180	105
	女	156	73	86	98	31	71	124	149	89
四月	男	180	153	127	112	19	61	139	206	125
	女	163	105	120	126	34	59	111	162	98
五月	男	214	90	88	123	47	109	116	140	84
	女	196	68	102	74	35	85	95	137	80
六月	男	192	67	77	109	48	95	86	137	91
	女	146	64	80	96	26	100	97	92	77
七月	男	156	78	89	92	57	104	111	135	75
	女	142	59	70	100	56	83	113	112	75
八月	男	157	58	86	117	50	105	81	91	88
	女	149	56	83	112	44	87	78	88	71
九月	男	178	78	69	111	49	113	91	99	78
	女	161	78	68	92	63	92	93	95	59
十月	男	155	83	63	90	52	103	96	116	88
	女	141	89	57	89	50	91	68	115	84
十一月	男	150	82	67	90	38	89	90	103	92
	女	129	62	53	64	49	83	83	91	77
十二月	男	205	78	59	86	60	76	109	88	68
	女	171	82	46	74	63	80	105	110	71

資料來源：根據省政府民政廳材料編製；文獻續錄，頁七八二；曾慶國重校。

由於台灣的戶口資料在日治時代，自一九〇五年十月一日，做第一次戶口普查起，連做了四次，並於一九四四年七月十五日做最近一次的戶口檢查，在日據時期可說建立了完整的戶籍人口資料。到今天，全省各戶政事務所，都保存有完善的，自日據時代起至今天的戶籍謄本資料，都可申請查閱影印，其可信賴度，受到全民的肯定。

因之，民國三十六年的戶籍資料，其人口死亡數，較三十七年，突然多出高達一八、八五六人，而三十七年較三十八年，只多出一、九九一人。三十八年較三十九年，也只多出七、六一二人，三十九年較四十年，反減少三、五二二人。計三十七年至四十年，每年相差也只幾千人，而三十六年較三十七年，是突然增加到一八、八五六人。

因之，依人口資料的結果，這個一八、八五六人的死亡增加數，便成為二二八事件的死亡數的最合理推論。

這個數目，當然包括有戶籍資料的所有的人，包括本省人和外省人。外省人死亡數目，如依陳儀所說的一千二百多人，包括軍警四百多人，及公職人員八百多人。則，本省人的死亡數，應為總數一八、八五六人，減外省人一千二百多人，計一萬七千六百多人左右。

一萬七千六百多人的死亡，這個數目，如經過詳細瞭解，它的意義，隱含著非常悲哀的台灣歷史，因為，這些人很多是極為優秀的高級知識份子，是當時台灣人中的菁英份子，這些人一下子在同一時間消失，使台灣人才產生斷代，以一代三十年計，台灣人在往後的三十年，甚至五十年，產生了人才斷層。

換言之，日據五十年，台灣辛苦培養出來的知識最高階的有用人才，一下子被捕殺光了。東西失去了，可以找回來，或用替代品。人才失去了，就是失去了，是沒有辦法挽回的，再培養一批，已是古人說的「二十年後又是一條好漢」的二十年後了。

筆者每思及此，都不禁悲從中來，淚流滿面。現今也是一邊提筆一邊含淚的，想把歷史真相向後代交待。

以下先看一段記載：

「根據雷震日記記載：一九六〇年五月四日晚間，吳三連請胡適吃飯，有李萬居、郭雨新、楊肇嘉等多人作陪，席間郭雨新請胡適出來組黨，『胡先生勸他們幹，因為有台灣人的民眾也』，楊肇嘉則說：『二二八時期，台灣知識份子被殺有一七、五〇〇人，三十年亦補不過來的。』」（陳儀深：試寫李萬居政治思想的特色，頁九）

楊肇嘉，一八九二—一九七六，八十四歲，台中清水人，在一九五〇至一九五三年任省民政廳長達三年之久。他的「三十年亦補不過來」的見解，實一語中的，一針見血。

為什麼「三十年亦補不過來」呢？因為：這一批人，很多是學法、政、文、史、理工以及醫學的，他們有檢察官、律師、教授、高級文官、新聞工作者，以及醫生，他們很多很熱心從事政治活動，有擔任制憲國大代表、國民參政員、省參議員、縣市參議員……等等的。

當然，在當輩中，還有很多知識份子留下來的，但事件後，從此不再有勇氣與擔當，敢用自己的生命來為台灣人爭權益。

歷史事實證明，一直到三十年後，下一代的人才產生，學法、政、文、史，甚至理工醫學的人才，再被培養出來，到一九七〇年代後期才有一部分年輕菁英及高級優秀知識份子，同樣的敢不惜用自己的生命來爭取台灣人的權益，前仆後繼的，一整批一整批的勇敢站出來奮鬥，這樣，再奮鬥了二十多年，總共奮鬥了五十多年，台灣人才在二〇〇〇年，爭取到做台灣這塊土地上的主人。

二二八事變，對台灣歷史產生重大影響，而影響最深遠的，就是殺盡台灣最傑出的菁英，使人才產生斷代，影響台灣歷史三十至五十年之久。

其中有一點必須指出：近幾十年民間一直傳言，說日本人不讓台灣人學法律政治，因此台灣菁英大多學醫學，是怕台灣人參與日本政治，其實日本沒在台灣設法政的大學科系是真的，但台灣人到日本或外國讀法律政治是不禁止的，因此有許多台灣人到日本本土或到外國讀法律政治，以及財經文學，譬如：林連宗、李瑞漢及李瑞峰（均日本中央大學法學部畢）、王育霖及林旭屏（東京帝國大學法律系畢）、吳鴻麒（日本大學法科畢）、林茂生（哥倫比亞大學哲學博士）、陳炘（哥倫比亞大學經濟學碩士）、宋斐如（北京大學經濟系畢）、吳金鍊（青山學院文學部畢）、廖進平（早稻田大學文學部畢）、陳澄波（日本美術學校畢）……等等受難者均是，還有很多服務於法學等各界的，足見所謂日本人不准台灣人學法律政治是沒有根據的，這種傳言也是別有用心的。

以下僅將二二八事件中，被捕殺的優秀知識份子與社會菁英，代表性的分類如后；並在十二、十三、十四章中，有詳細分析介紹。

㈠法政人員：林連宗、李瑞漢、李瑞峰、吳鴻麒、王育霖、林桂端、湯德章、林旭屏、歐清石、陳金能。

㈡文教人員：林茂生、宋斐如、陳能通、黃阿統、盧園、蘇耀邦、趙桐、蕭朝金、陳復志、郭慶、陳澄波。

㈢新聞工作人員：阮朝日、吳金鍊、邱金山、蘇憲章、李言、許錫謙、張榮宗、鍾天福。

㈣醫師：張七郎、張宗仁、張果仁、施江南、黃朝生、郭章垣、郭琇琮、黃媽典、范滄溶、潘木枝、盧炳欽、鄭聰、郭守義。

㈤参政實業家：王添灯、陳炘、徐春卿、李仁貴、陳屋、廖進平、曾豐明、林界、柯麟、楊元丁、葉秋木、黃賜、王石定、許秋粽、涂光明。

十一　誰在捕殺

台灣文學家吳濁流（一八九〇—一九七六，八十六歲）在寫下《台灣連翹》遺作後，交待必須他去世後十年、二十年才能出版，因為書內有他親身經歷的二二八事件祕辛，一九九五年該書出版，果然驚動各界，其中最引人注目的是，他丟下了一個問題：（頁一九二起）

「我有一個疑問：是誰策劃把台灣人知識階級一網打盡的？」

在黑名單上，他說：

「被捕的黑名單上，台灣人兩百多名，全是外省人的主意？事實不然，外省人對台灣各地各界的領導者，不可能知道那麼詳盡，是從重慶回來的半山幹的，他們是劉啟光、林頂立、游彌堅、連震東、黃朝琴等人。他們把擬具的黑名單，請求丘念台、黃中將（註黃國書）簽名，丘念台看後拒絕簽名，黃中將則支吾其詞，也未簽名。……

這些半山們，雖有種種派別，不過在打倒本省知識階級，以求自己飛黃騰達，卻是一致的。

……

長官公署……認為，只要利用二二八事件，給予沈重一擊，便可以使本省人，像屈服於日本人那樣，屈服於外省人。因此，援軍一經基隆登陸，立即逮捕了領導人物，未經法院的審判，就以共產奸黨名義殘殺。……」

「只因這份黑名單，悲劇的歷史上演了，美麗的福爾摩沙為此流血。」

我們由三月八日起，本省傑出人物，被捕、被殺的個案，加總起來彙整，我們發現，確實是照著名單來做的，是計畫性的捕殺，而不是偶然的、碰巧的，是集體行動，而不是個案行為，因此我們相信有祕密黑名單存在。

黑名單如由台人半山來擬具與提供，實在是一種罪孽，但相信這只是一部分，全部名單的定奪，以及交辦與執行，應該是當時擁有權力與能力的人，他們是：

㈠在決策與交辦上：⑴蔣介石主席；⑵陳儀長官；⑶劉雨卿二十一師長。

㈡在執行上：⑴警備總部：參謀長柯遠芬與調查室、情報處及特務營；⑵憲兵第四團，團長張慕陶；⑶軍統局台灣站站長林頂立；⑷整編二十一師；⑸基隆高雄要塞司令部；⑹警察。

壹、決策與交辦

陳儀，一八八三－一九五〇，六十七歲，浙江人，日本陸軍大學畢，陸軍上將，曾任福建省主席、台灣省行政長官公署長官、浙江省主席等職。

陳儀因是長官公署第一把交椅，又兼台灣省警備總司令，依法擁有行政、立法、司法及軍事等

照片卅三　蔣中正

1946年10月21日，國民政府主席蔣介石夫婦首度來台巡視，當時台灣社會的隱憂已日益明顯。

照片卅四　蔣中正民國三十五年十月二十一日抵台

權於一身，在本事件中，成與敗都負有無可逃脫的責任，尤其他事件後，於五月十一日離台，不久，翌年（三十七年）六月又出任浙江省主席，到一九四九年二月二十七日因通匪，被解職，在上海被軍統毛森率軍警二十多名，持蔣中正手令逮捕，押解來台，因堅不認罪，於一九五〇年六月十八日槍決於碧潭，火葬後骨灰葬於台北縣五股鄉山區，墓碑書：「陳公退素之墓」，有此一述，是說明，陳儀之死，是因通匪，而非二二八事件。惟由於陳儀已死，故幾十年來，所有的二二八事件的罪過都被集中在陳儀身上。這是否公平，也是引人討論的話題。

陳儀本身，他不認為他有過失，他把責任推給別人，請看事件後的四月四日第六十五次政務會議中，他就說：「我個人對此次不幸事件的感想，以為釀成這次事變的主要因素，是日本思想的反動……台胞思想深受日人奴化教育……的遺毒。」沒有一句檢討自己的話。（檔案彙編(六)，頁一八八）

陳儀離台不久，又被任命為比台灣重要的浙江省主

照片卅七　陳儀抵松山機場

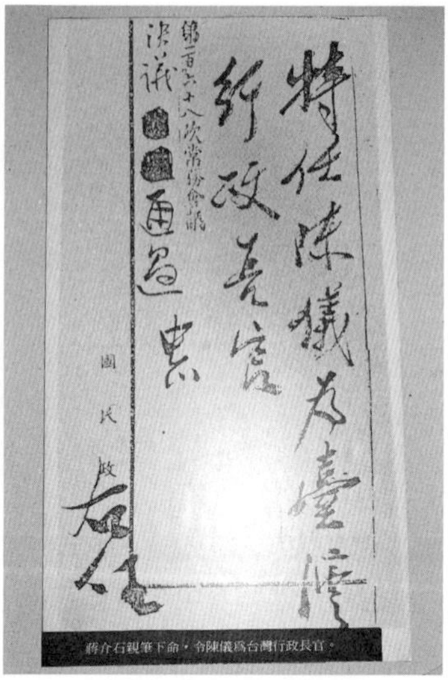

照片卅五　蔣中正手令陳儀長官

照片卅八　陳儀之墓
（聯合報 95 年 4 月 3 日）

照片卅六　陳儀

席，更看不出蔣主席認為陳儀有什麼過失，反而是信任有加才對。

因之，陳儀與蔣中正（一八八七－一九七五，八十八歲）兩人間的互動，引起吾人無比的興趣。

筆者在此提出兩件證據，來說明陳儀在二二八事件中的處理態度的轉折。

第一件是：彭孟緝（一九〇八－一九九七，八十九歲，黃埔五期、一級上將，青天白日勳章）在《台灣省二二八事件回憶錄》中，提到三月六日下午攻打高雄市時說：（文獻續錄，頁六〇一）

「我收復市政府火車站等處以後，我立即發出一份電報，向台北警備總部報告……半夜得台北陳長官回電說：

『此次不幸事件，應循政治方法解決。據聞高雄連日多事，殊為隱憂。限電到即撤兵回營，恢復治安，恪守紀律。謝代表東閔到達後，希懇商善後辦法；否則該員應負本事件肇事之責。』

我看過這份電報之後，思潮起伏，整夜不曾合眼。……

八日，收復了屏東和旗山，告捷電報尚未發出，突然接到台北警備總部來電：

『(1)貴司令認識正確，行動果敢，挽回整個局勢，殊堪嘉獎，捷電傳來，曷甚佩慰。

(2)嘉義形勢最險惡，希海陸併向嘉義急進。

(3)台北即有空運部隊援嘉義，貴屬部隊到達時，須切取連絡。

照片卅九　彭孟緝

(4)已另電馬公要塞守備大隊（欠一個中隊），即開高雄，歸貴官指揮。
(5)將貴屬出力官兵報請獎勵。
(6)先發台幣拾萬元，以撫恤傷亡。
(7)涂光明、范滄溶、曾豐明三暴徒准就地正法，示眾。』

至此，我才如釋重負，僥倖自己的看法和作法沒有錯，連日鬱結，為之冰釋，當即將此電傳令各單位部隊知照。平亂行動於是成為我名正言順的任務，所以行動就益趨積極了。」

彭孟緝在六日與八日，兩次接到電報的苦樂心境，由「應負本事件肇事之責」，到「行動果敢……殊堪嘉獎」，恰似一場人生三溫暖。

發電報的陳儀，心境與態度的轉變，何嘗不是如此呢？在六日與八日中間，發生了什麼大事？改變了二二八，也改變了台灣人的命運。

第二件是：七日在台北的省「二二八處理委員會」，通過所謂「三十二條」加「十條」的「四十二條」，其中有撤銷警備總部、反對徵兵、部隊解除武裝……等條文，越逾省權限，侵犯中央……當晚七時，處委會派代表黃朝琴、王添灯等面呈陳儀時，陳儀的態度轉變了，連四十二條本文都還沒看，只看到開頭說明的敘文，便「忽赫然震怒，將文件擲地三尺以外，遂離座，遙聞厲聲，毫無禮貌而去，眾皆相顧失色」。（楊亮功先生年譜，頁三五三）

反觀在三月七日上午之前的態度是溫和、妥協的，如：

㈠六日晚上八時半，陳儀做第三次廣播，承諾做進一步的改革，要點是：

1.向中央請示改長官公署為省政府。改組時，省府委員、各廳處長將儘量用本省人士。

2.縣市政府定於七月一日舉行直接民選。未選之前縣市長如有不稱職，可罷免，另由參議會推舉三名，由其圈選一人。

3.他同時要求人民信賴政府，勿信謠言，趕快恢復秩序。

㈡七日上午，陳儀致函處委會，謂各方代表紛紛求見，意見繁雜，應先交處委會討論綜合後，再向公署提出。同時，他也致電各縣市參議會，若現任縣市長不稱職，可推舉三人，逕報公署圈選。（研究報告，頁七〇）

以上兩件陳儀態度的一百八十度轉變，一件是對彭孟緝，由六日指責到八日嘉許；另一件是對處委會，由七日上午致函到晚上震怒。是高雄武力鎮壓成功呢？還是處委會無理冒犯？都不是，事情是這樣的：

原來，就在七日晚上見處委會代表之前，陳儀見到了一個人，那就是整編二十一師師長劉雨卿（一八九二－一九七〇，七十八歲），他帶來了南京蔣主席面授機宜的口諭，以及二十一師馬上登台的消息。二十一師來台，陳儀早在五日就被南京告知了，六日他態度也沒轉變，照樣對彭孟緝打官腔，對台民廣播，七日也對處委會致函，對各縣市議會致電。因此「口諭」

照片四十　劉雨卿

是關鍵了，要瞭解「口諭」，要看劉雨卿如何來台，其經過是：

三月五日陳誠參謀總長簽呈蔣介石主席：派二十一師一個團及憲兵二個營來台。當日並通知陳儀及二十一師師長劉雨卿兩人知照，蔣主席且發電要劉雨卿立刻到南京來。劉立即由崑山乘車上京。

三月六日晨劉雨卿晉謁蔣介石主席，蔣主席面授機宜，並發給手槍六百支。劉當日隨即將手槍運到上海交給部隊，準備隨軍運台。

七日上午劉雨卿由南京乘「美齡號」專機，直飛抵台北松山機場，下機後在指揮部略作瞭解後，馬上晉見陳儀，傳達蔣主席口諭。九日後二十一師的部隊陸續登陸，一直到十九日劉雨卿隨師部由台北調台中，擔任中部綏靖區司令。

以上是劉雨卿來台行程，重點是：㈠蔣主席特別要他去南京，當面交待了什麼，七日對陳儀又說了什麼話。㈡二十一師本來是作戰部隊，武器不缺，為什麼特別撥給手槍六百支，這六百支手槍運來台灣做什麼用。

在槍的方面，是否二十一師的武器，以作戰用長槍為多，手槍不多，或手槍方便作祕密行動用。（見十四章：陸、手槍六百支案）

在口諭方面，有權的長官交待親信從事特殊工作，中國的習慣往往用口諭，避免行文留下證據，因此口諭只是兩個人知道，不留下文字紀錄證據的，劉雨卿面謁蔣主席，以及晉見陳儀，傳達的話就是口諭，即所謂的「面授機宜」或「謹遵囑」。

在此提出一份證據：「劉雨卿呈蔣主席三月九日報告」（附件十九）稱：「竊職於三月九日午後二時到達台北，謹遵囑，面報陳長官。本師四三八團於九日午後到達基隆，關於此次台灣發生事件之經過，詳情謹呈如后，謹呈主席蔣，職劉雨卿印」。後面加附件八頁之「台北市二二八事件調查概要報告」。可謂非常詳盡，超出一個軍方將領的職責範圍，應視為特派大員之任務，這份報告有研究必要：

㈠除「謹遵囑，面報陳長官」的「遵囑」內容，是當然的關鍵所在，也是前面提到的「面授機宜」之「口諭」。

㈡劉雨卿為何說稱：「職三月九日午後二時到達台北」，明明是七日到台北，為何說九日？七日到台北有二十一師參謀長江崇林的口述證言（文獻輯錄，頁六〇七）稱：「師長劉雨卿中將旋於三月七日，由南京搭美齡號專機……飛抵台北松山機場……即往公署晉見陳儀長官，面呈國府主席蔣公訓示」。且九日半天內能寫出八頁的長篇報告嗎？

這一報日期是呈給蔣主席的報告，不可能有錯報，錯報是要殺頭的，惟一解釋是故意錯報，而蔣主席也心知肚明。故意錯報的理由是，他應該隨他的部隊來台，而他的部隊九日才到台，時間上要一致。此推論如正確，那他七日來台是屬於祕密性的，負有不可公開的祕密任務。而這任務就是前面提到的「口諭」內容了。

劉雨卿傳達這口諭，加上他親自來執行捕殺行動，事後一定對自己的滿手血腥後悔不已，感到可恥，其晚年回憶作品便自稱「恥廬雜記」，「恥廬」不是連住處也叫恥嗎？

前文提到，陳儀在七日白天下午接見劉雨卿後，晚上就對處委會的四十二條震怒摔文拒絕，八日也對彭孟緝獎勵有加。八日下午憲兵二個營隨楊亮功（閩台監察史）登陸基隆後，連夜派車載進台北，隨之立即展開捕殺行動，九日凌晨六時宣布戒嚴，全省籠罩在武力陰影下。

證據顯示，陳儀一直忍耐著用和平解決問題，至少在七日之前是如此。那麼陳儀向中央請派大軍來台作何解釋，假如陳儀用兵只用到清剿暴亂的民兵，不對知識份子進行照名單捕殺，那用兵的正當性，也是無可置疑的。

有人提出證據說，陳儀老奸巨滑，明知大軍將來，故意在七日之前採取拖延方式，一再表示決不用兵，決不欺騙台灣人民，以拖過大軍來到再說，果然，大軍到時，從八日起便開始捕殺行動，證據如此，很容易為人採信接受。

筆者不是在替陳儀講話，請看兩份陳儀及張慕陶呈蔣主席的報告：（附件廿、廿一）

㈠台北三月四、五日憲兵第四團團長張慕陶電：「此次台灣暴亂，其性質已演變為叛國奪取政權之階段，外省人之被襲擊而傷亡者，總數在八百人以上……陳長官似尚未深悉事態之嚴重，猶粉飾太平。」

陳儀最倚重的張慕陶，竟然向中央說陳儀的不是，說陳儀「猶粉飾太平」，這應是真的。

㈡陳儀三月六日呈蔣主席函：「為應付目前情勢，在不防礙國家民族利益之範圍內，對於台胞之政治要求，只能從寬應許，鈞座如以此意為然，請即指示俾職有所遵循。」這也應該是真話。

在此要提出陳儀七日見到劉雨卿後的另一項轉折，就是請調大軍來台乙事。

原來在五日陳誠簽調來台的兵力，只有二十一師師部及一四六旅的一個團（四三八團），及兩營憲兵而已。（見附件二）

五日陳儀已得到通知這樣的派遣，五、六兩日並無反應，一直到七日見劉雨卿，一天中十萬火急的連上兩道電文：「擬請除二十一師全部開來外，再加開一師，至少一旅。」（詳見二章論國軍兵力及附件三、四）

七日當時，四三八團已由上海啟運來台，蔣主席還是答應陳儀的要求，再派二十一師全部及加派一師（二〇五師）來台。足見蔣主席與陳儀之間的關係匪淺了，也可知劉雨卿傳達的口諭有多重要了。

由時間上來看，陳儀再度兩次請求南京蔣主席派大軍來台，是七日見到劉雨卿之後的事。此時間上的轉折點，與陳儀對彭孟緝態度的轉變，對處委會態度的轉變，是相吻合的，即這三件事，都是見到劉雨卿之後的事。

蔣主席、陳儀、劉雨卿三人間的口諭傳話，是不留下文字證據的。惟，之後蔣主席與陳儀長官兩人間也留下文字紀錄，它是：

㈠蔣主席的親筆手令：「台灣陳長官，請兄負責嚴禁軍政人員施行報復，否則以抗令論罪　中正」。

㈡陳儀「電呈復：已遵命嚴飭遵照」。（如附件廿二）

這是三月十三日的事，以時間來看，捕殺行動已大多完成，事情傳到南京，使蔣主席感到事態嚴重，難以控制，而來一道急煞車，可惜已於事無補，且捕殺的動作，並未因此電文而稍為停止，換言之，仍繼續捕殺下去。因此有人懷疑，這來回電文「都只是官樣文章」（證言二二八，頁二九〇），或「不啻成了障眼的煙幕」（解讀二二八，頁一八六）。

再說，蔣主席十三日下這道手令前，十二日是先看到了兩則情報彙編，內容是：（如附件廿三）

㈠台灣十一日電的憲兵及中統局情報：「九十兩日國軍絡續開到，警察及警備部軍士即施行報復手段，毆打及拘捕暴徒，台民恐慌異常，台省黨部調統室曾建議警備部，應乘時消滅歹徒，並將名冊送去，警備部十日晚起，開始行動，肅清市內奸徒。」

彙報者擬辦：「擬飭陳兼總司令切實制止報復行為」。

蔣主席批示：「如擬」。

㈡台北十一日電的憲兵情報：「陳長官十日令憲兵駐台特高組，祕密逮捕國大代表林連強（註林連宗）、參議員林桂端、李瑞峰（彼等聯名接收高等法院）。」

彙報者擬辦：「呈閱」。

蔣主席批示：空白。

第一則，是台灣的憲四團團長張慕陶及省黨部的主委李翼中電給南京的憲兵司令部及中央黨部的中統局，再報給蔣主席辦公室，彙編要點給蔣主席看的，提到的事當然是真的，如：

⑴九十兩日國軍到台，警察及警備總部軍士，即施行報復手段，毆打及拘捕暴徒，台民恐慌異

常。

(2)省黨部提供黑名單給警備總部，警總十日起，開始捕殺。

第二則，是台北憲四團團長張慕陶電給南京憲兵司令部，再報給主席辦公室，彙編成的要點，內容是自己做的事，更是真的，即憲兵駐台特高組去祕密逮捕國大代表林連宗等人，而黑名單是陳儀交給張慕陶的。事情再明白不過了，真相不就如此大白嗎？這種真人真事的罪行，蔣主席敢批示嗎？所以看歸看，在批示欄留下空白。

這兩則，對捕殺菁英部分，都只提到「毆打及拘捕」與「祕密逮捕」字眼，沒提到「槍殺」或「死亡」字眼，假如「施行報復手段」僅及毆打、拘捕、祕密逮捕，將來來個公開大審，則其正當性自有歷史公斷。

但結果不是這樣，「施行報復手段」是非常不正當、不公開及沒理由，被祕密逮捕後，或從此失蹤，或祕密槍殺棄屍，或不經司法審判即行槍決示眾，許多極優秀的高級知識份子、社會菁英及無辜民眾，就這樣消失，誰之過？

照片四一　柯遠芬

由這兩則大溪檔案（國民政府檔案）的情報資料，亦可看出，黑名單的下達最少有兩人：一是陳儀，二是警總參謀長柯遠芬。

陳儀的部分，涉及蔣主席及劉雨卿的三角關係，是屬決策及交辦部分，以上已談過。

柯遠芬的部分，涉及底下的警總各單位、憲兵、警察、二十一師、要塞守備隊等等軍憲警特兵力的執行，請看以下分析。

貳、執行

說到柯遠芬（一九〇八—一九九七，八十九歲，黃埔四期，中將），他是警備總部參謀長，蔣主席的親信，是蔣主席派來分擔也是牽制陳儀的，因當時的警備總司令陳儀長官自兼，下無設副總司令，因此參謀長是「責任參謀長」，換言之，是負有實權的參謀長。

柯遠芬因為在綏靖清鄉會議上，說了一句：「寧可枉殺九十九個，只要殺死一個真的就可以。」並引用列寧的話：「對敵人寬大，就是對自己殘酷。」而備受指責，責任的箭頭，也就指向他。

四月十七日，國防部長白崇禧更向蔣主席建議：「柯遠芬處事操切，濫用職權，對於此次事變，舉措尤多失當，且賦性剛愎，不知悔改，擬請與以撤職處分，以示懲戒，而平民怒。」（大溪檔案）。柯氏遂交陸軍大學管訓，於四月下旬離台。為第一個因案離台高層人員。惟，後來又擔任重要的金門防衛司令部政戰部主任，兼金門縣長等職，仍受蔣中正的重用，退伍後移居美國以終。

有關柯遠芬的角色，柯遠芬本人以及當時的副參謀長范誦堯均在美國作了口述，收錄於省文獻會的《二二八文獻續錄及補錄》，交叉來看，可發現不少真相：

范誦堯稱：（文獻補錄，頁一一三）

「與警總有關部分（當年警總統轄陸海空三軍），在平時，陳儀絕對不會越過柯氏，因為柯氏又是位責任參謀長。

二二八事件發生時，參謀長（柯遠芬）曾令警總調查室陳達元、軍統局林頂立、憲兵團長張慕陶，嚴密監視反動份子，而當時也確有共黨份子乘機煽動搗亂，其成果報告依常理而論，自應送達柯氏，當時柯氏有相當權力，不可能越過他，且部屬也不會如此做，尤其在這緊急時刻，陳儀也一定會掌握柯遠芬，也正因為在緊急時刻，有時或越常軌也不足為奇。

後來由憲兵成立特高組（註：特別高級行動組，仿日本警察特高組），及林頂立成立特別行動隊（註：簡稱別動隊），全面逮捕首要份子（包括台灣菁英），依情、理、法，參謀長應知悉其事（不管這命令是由陳儀下令，或柯氏用陳儀名義下令），如果一些大事不知會柯氏的話，很多事情就不好處理。

至於處置首要份子，多由軍統執行。憲兵方面是否參與，我就不太了解（不過張慕陶團長，是黃埔五期砲科出身，做什麼事也可能獨斷專行），警總調查室主任陳達元中將，及警總第二處（情報處）處長林秀欒少將，事後都不太願意談起。

處決涉嫌人員（包括台灣菁英），是否越過柯氏……難以對證……至於有些事情，也許陳儀直接找林頂立，但我不能確定。

二十一師來台，全省於三月九日宣布戒嚴，警總參謀作業未考慮到，台胞不通國語，不懂戒嚴是怎麼一回事，以致在戒嚴時期，有部分人員被打死，實屬冤枉。加上師長劉雨卿中將，只是名義上、形式上聽命於長官公署或警備總部，但處在那非常時期，事實上可以獨立行事。」

以上是副參謀長范誦堯於一九九三年二月在舊金山的口述重點，他指出的這幾個單位人員，其實都有執行捕殺行動，如警總本身的調查室、情報處、二十一師、憲兵及軍統局，他尤其指出「多由軍統執行」，當時的軍統局台灣站站長是平山林頂立，台北站站長是警總參謀許德輝，許德輝在三月三日晚十六時出任處委會決議成立的「忠義服務隊」隊長，林頂立也成立「義勇總隊」，都是警總的外圍組織，從成立起，就蒐集情報及人員名單，並祕密掌控特定人員言行動態，對人員特性、住址及交往最清楚，因此在採取祕密捕殺行動中，或自己派人為之，或引導軍憲人員為之，最為駕輕就熟。

依廖德雄口述稱：（台北都會二二八，頁九三）

「三月九日、十日、十一日的逮捕行動，幾乎是忠義服務隊人馬帶頭去逮捕的。也就是說：調查局台北站（註：應是軍統局台灣站）站長林頂立奉柯遠芬的命令，要許德輝去捉人，林頂立自己沒有太多人馬，台北站頂多才十幾個人而已，捉人大多靠許德輝手下的流氓，流氓穿著制服，後面跟著憲兵，事後我們才明白，忠義服務總隊是林頂立一線下來的計畫。……之後林頂立官運亨通，紅得很，先後當上台灣省議會副議長、農林公司董事長，許德輝跟著林頂立，日子也很好過。」

（詳見十五章：貳壹、林頂立與忠義服務隊）

那柯遠芬怎麼說呢？

依柯遠芬《二二八事變之真相》稱（文獻續錄，頁五六九）：「九日晚……陳長官於暴動後……宣布全省戒嚴……下令取消『台灣二二八事變處理委員會』，並緝捕為首陰謀份子，由憲兵張慕陶團長主其事，警總調查室、軍統局台北站協助之。」

再依柯氏口述：（文獻續錄，頁七二七起）

「陳儀召見我（註：八日）表示已下決心，要取消所有處理委員會，並下令逮捕所有為首者和幕後策動者。至於逮捕作業，主要是由憲兵依陳儀所核定名單來執行，而名單是陳儀直接交給憲兵團長張慕陶的，坦白的說，警備總部自始至終並沒有派人參與逮捕人犯的行動。

三月十七日國防部長白崇禧……表示：今後逮捕人犯都要由警總不可由憲兵執行……據聞當時張慕陶曾寫信向陳儀抗議，表示憲兵是司法警察，應可逮捕人犯，遂繼續為之。……

至於遇難或失蹤者，許多屍首遍找不著（如陳炘、林茂生、阮朝日……等），到底被埋葬？或火葬？抑或如何處理，則很難判斷，因為它是陳儀下令由張慕陶所執行的……現今憲兵司令部是否還保留著憲兵第四團檔案，則不得而知。」

以上是柯遠芬參謀長於一九九二年一月二十一日在美國的口述，以及其撰述《二二八事變之真相》內容中，有關捕殺行動的主要內容。他特別點名憲兵，指出：「逮捕作業主要是由憲兵……來執行，而名單是陳儀直接交給憲兵團長張慕陶的。」

由於二十一師未來台之前，台北的兵力以憲兵為主，憲兵團部在台北，有官兵一、六八一名，團長張慕陶又是黃埔五期砲科出身，事變中成為台北的主要兵力，也擔任戒嚴台北地區指揮官，由許多案例也可證明憲兵確實從事捕殺行為。這是無可置疑的。（見附件廿三）

至於柯遠芬本人及警備總司令部本身，依「駐台官兵人馬統計表」（表一），當時警總本身現有官兵一、三五七人，設軍事法庭、戰犯拘留所、情報處、調查室及特務營等單位，均與捕殺行動有關，尤其特務營有官兵六二七人，任務是「服行勤務」，顯係受調查室及情報處支配，從事捕殺相關勤務工作。

柯遠芬參謀長本人當然是事件的中心人物，他表示立場說：「綜言之，二二八事件處理原則，不管是當年國民政府蔣主席的指示，或陳儀的決心，都沒有錯。」

所謂「蔣主席的指示」，他說：「陳儀只有依照二月二十八日黃昏時刻，由南京飛抵台北所攜蔣主席手諭，指示事件處理原則辦理：

1. 查緝案應交由司法機關公平訊辦，不得寬縱。
2. 台北市可自即日起實施局部戒嚴，希迅速平息暴亂。
3. 政治上可儘量退讓，以商談解決糾紛。
4. 軍事不能介入此次事件，但暴徒亦不得干涉軍事，如軍事遭受攻擊，得以軍力平息暴亂。」

這第四點，是他「以軍力平息暴亂」的憑據。惟是否有這蔣主席的四點指示的「手諭」。據副參謀長范誦堯稱：

「二月二十八日長官公署立即以電報向南京呈報，而關於南京即派飛機攜來蔣主席手諭給陳長官，並指示四點原則乙節，我想二二八當天全省狀況還沒有演變到相當程度，上述傳聞如果確有其事的話，那也是三月一日或二日的事，所以事實希望從各方檔案，再加求證。」

可知，這柯遠芬的藉口護身符的「手諭」，存在與否，是待求證的。且「手諭」與「口諭」不同，手諭是用文字傳話，而口諭是以口語傳話不用文字的，足見手諭是留有文字證據的，連當時的副參謀長都認為這是「傳聞」，待「再加求證」，時至今日檔案都未發現，其真實性也是質疑的。即或此手諭是真有其事，其執行手段，在報復性有計畫的捕殺高級知識份子、社會菁英及無辜民眾這件事，也是越逾指示的。

有關捕殺行為，另據當時的民政處處長周一鶚的回憶，當國軍登陸後，陳儀的權力動搖，中統、軍統同流合污，為所欲為。宋斐如、林茂生之被殺，陳儀告訴他：「他們事先不請示，事後還要求補辦手續，真是無法無天。」（文獻續錄，頁六七一，周一鶚「陳儀在台灣」）

又據旅京滬七團體在《關於台灣事件報告書》中，指出：（文獻補錄，頁六九三）

「屠殺方法殘酷無倫：⑴如基隆軍隊用鐵絲穿過人民足踝，每三人或五人為一組，捆縛一起，單人則裝入麻袋，拋入海中，基隆海面最近猶時有屍首浮出。⑵高雄軍隊對集會中千餘民眾用機槍掃射，全部死亡。⑶台北別動隊使用機槍及坦坦彈殺害平民。⑷基隆軍隊割去青年學生二十人之耳鼻及生殖器，然後用刺刀戳死。⑸台北將所捕平民四五十名由三層樓上推下，跌成肉餅，未死者再補以刺刀。⑹高雄將人釘在樹上，聽其活活餓死。⑺卡車上巡邏兵見三人以上民眾即開槍擊殺。⑻哨兵遇路過民眾，不問情由開槍擊殺。⑼各地大批逮捕平民，未經審訊即綁出槍決或半途處決。⑽嘉義台南一帶人民因聞蔣主席白部長一律從寬免究之廣播後，向當局自首竟亦被捕槍決。⑾軍隊以清鄉為名，入民家搜查，將財物取去復殺人滅口。」

另據死難者李瑞漢女李月眉口述：（台北南港，頁二二一）

「二二八事件是國民黨有計畫的屠殺，視台灣人的性命如草芥、如螻蟻，這可以從諸多律師被殺害看得出來，例如家父李瑞漢、叔叔李瑞峰、林連宗、王清左、王育霖、林桂端、湯德章、歐清石、陳金能、吳鴻麒等人……台灣人永遠無法釋懷。」

以下兩章，謹提出祕密捕殺二十一例、公開捕殺十八例，共三十九例，把執行捕殺者一一找出來，加以統計分析，則劊子手誰也無所遁形。

附件十九：劉雨卿呈蔣主席三月九日報告

劉雨卿呈 蔣主席三月九日報告

516-1

報告 三月九日於台北市

竊職於三月九日午後二時到達台北謹遵囑面報陳長官本師四三八團於九日午後到達基隆關於此次台灣發生事件之經過詳情

謹呈如后

謹呈

主席蔣

職劉雨卿

二局

11498
36 3 13

（文獻續錄，頁五八）

附件廿：張鎮呈蔣主席三月五日函

張鎮呈蔣主席三月五日報告

情報提要

報告者	張鎮 許韓謙
報告時間地點	台北 三月四五日 憲兵第四團團長張慕陶電
內容摘要	台省暴動事件專報 一、台灣暴亂形勢益趨嚴重 （一）此次台灣暴亂，其性質已演變為叛國奪取政權之階段，外省人之被襲擊而傷亡者，總數在八百人以上，地方政府完全失卻統馭能力，一切由民眾控制，暴民要求不准軍隊調動，不准軍隊帶槍，無異解除軍隊武裝，暴民在各地奪倉庫槍械及繳收軍警武器，總數在四千枝以上。 （二）今日情勢似外弛內張，台北二日雖解嚴，并由憲警及民眾代表組成維持治安機構，但奸偽標語仍滿貼街衢，各工廠機器及物資損失殆盡，無法復工，長官公署及各機關迄未恢復辦公，台籍警察多携械潛逃，全省鐵路改組為鐵路委員會，已由台人掌握，陳長官似尚未深悉事態之嚴重，猶粉飾太平。 （三）台中憲兵被繳械，官兵被囚禁，并有械彈庫兩 呈閱
判斷或擬辦	
批示	

職 俞濟時

呈 三十六年三月六日

（文獻續錄，頁三一四）

附件廿一：陳儀呈蔣主席三月六日函

陳儀 呈 蔣主席三月六日函

413

4-1

413

主席鈞鑒

職以為職到台灣以後，如對於日本時代御用紳士等，徹底剪除，一面台灣兵力比較雄厚，此次事情不至擴大至此。

為應付目前情勢，在不妨礙國家民族利益之範圍內，對於台胞之政治要求，只能從寬應許。

鈞座如以此意為然，請即指示，俾職有所遵循。

職陳儀

42

（文獻續錄，頁四二）

附件廿二：蔣主席致陳儀三月十三日電（手令）

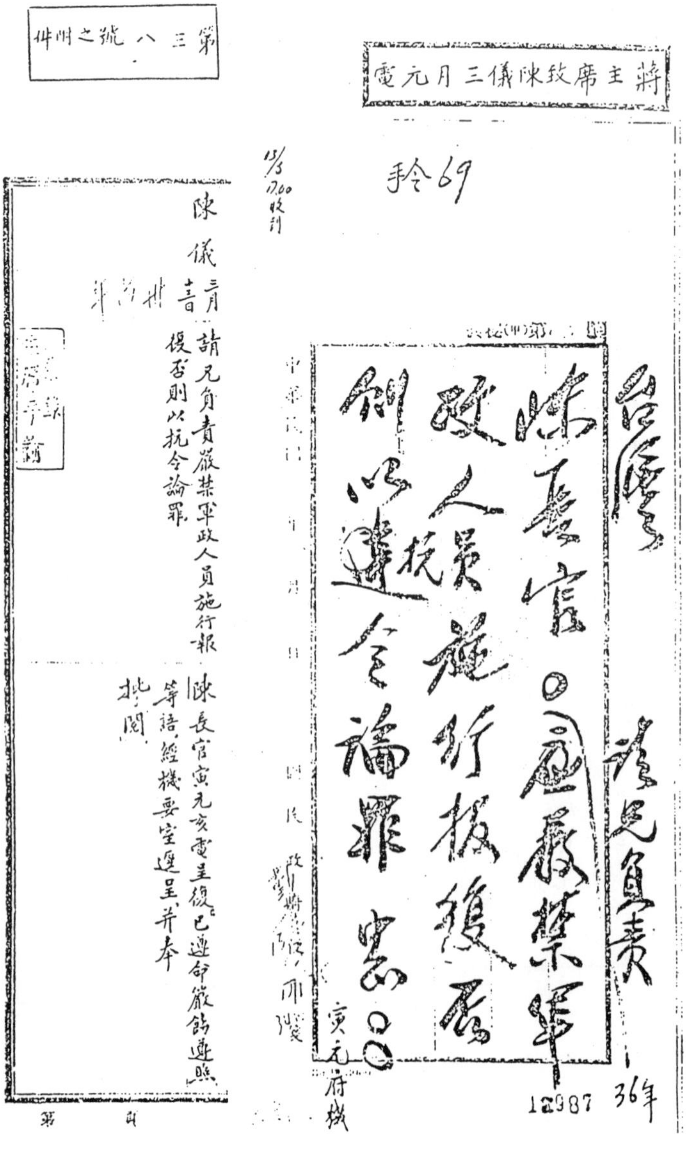

第三八號之附件

蔣主席致陳儀三月元電

手令69

台灣陳長官：請兄負責嚴禁軍政人員施行報復，否則以抗令論罪。中正 寅元府機

12987 36年

陳儀 三月十三日 請兄負責嚴禁軍政人員施行報復否則以抗令論罪

陳長官寅元亥電奉復已遵命嚴飭遵照等語，經機要室逕呈，并奉
批閱

（文獻續錄，頁七三）

附件廿三：憲兵司令部 中統局 呈蔣主席三月十二日情報

憲兵司令部呈 蔣主席三月十二日情報

憲兵司令部 中統局 呈 蔣主席三月十二日情報

情報提要

報告者	報告時間地點	內容摘要	判斷或擬辦	批示
憲兵司令部 中統局 三十六年三月十二日	台灣三月十一日電	台灣近情續訊 一、九十兩日國軍陸續開到警察及警備部軍士即施行非法手段毆打及拘捕暴徒台民恐慌異常台省黨部調統室曾建議警備部應乘時消滅歹徒並將名冊送去警備部十日晚起開始行動肅清市內奸徒。	一、擬飭陳兼總司令切實制止報復行為。	
憲兵司令部 三十六年三月十二日	台北三月十一日電	二、陳長官十日令憲兵駐台特高組秘密逮捕國大代表林連宗參議員林桂端李瑞峯彼等聯名接收高等法院係律師及奸偽首要曾璧中等台灣自治青年同盟領導人蔣渭川現已潛逃共組織亦無形消散。 三、二十一師部隊抵台後有使用法幣者頗引起商民之惡感。 四、台中嘉義仍為奸偽謝雪紅何仁棋控制計有暴民千餘步槍千餘支輕機槍四挺高山族已二百餘人下山並有日人三十餘名參加叛亂。	二、呈閱 三、擬飭劉師長約束所屬部隊以平民怨。 四、另據中統局三月十二日報告台中市民已因警察局將該局局長扣押抗八將武器交共部屬何期閒(係奸偽份子)何將武器分給一般暴徒以致瞬間全台中為其控制等情謹註 擬電陳長官查辦。	

（文獻續錄，頁七一）

十二 祕密捕殺

所謂祕密捕殺，是指祕密逮捕，並且祕密殺害，亦即國家安全局檔案裡所指的「密捕密裁」。

（檔案彙編㈡，頁一五五）

「密捕密裁」是情報用語，是情報人員對付敵人的手段，尤其「密裁」，是指祕密裁決之意。

在法治國家，一切要經法定程序審理，密捕密裁是違法的。

不幸的是，二二八事件裡，很多台灣的社會菁英及高階知識份子，被密捕密裁了。我們要說，這些被密捕密裁者，如經公開審判，一定罪不及死。而非要用密捕密裁手段，就是有人要他們死，既然公開的方式無法使他們死，就用祕密的手段，其目的，用一句政治俗語，就是「剷除異己」。

上章，我們指出捕殺菁英的劊子手來，以下三章，就是要證明：為什麼他們是劊子手。

本章，僅舉代表性的二十一個案例，均是當時台灣菁英中的菁英，均被密捕密裁，未經公開審判，除極少數人外，未見屍首，從此失蹤至今。為證明他們如何的優秀，特列出其年籍、最高學歷、重要工作職務等基本資料，以為證明；並一一找出：何日、被何單位、身份的人逮捕，往後失蹤、遇害情形……等等證據資料，由此來一一找出真相、統計分析出真相來。

㈠憲兵部分：共九件案例

⑴王添灯；⑵林連宗；⑶李瑞漢；⑷李瑞峰；⑸林桂端；⑹王育霖；⑺廖進平；⑻阮朝日；

(9)吳金鍊

(二)警備總司令部部分：共四件案例

(10)吳鴻麒；(11)鄭聰；(12)施江南；(13)林茂生

(三)便衣部分（或憲兵或警總）：共五件案例

(14)林旭屏；(15)李仁貴；(16)徐春卿；(17)陳屋；(18)宋斐如

(四)基隆要塞司令部部分：一件案例

(19)陳能通（三人）

(五)警察部分：共二件案例

(20)陳炘；(21)楊元丁

壹、王添灯

王添灯，一九○一—一九四七，四十六歲，新店人，成淵中學夜間部畢，開設文山茶行，擔任台灣省茶葉公會會長、人民導報社長、省參議員、二二八處委會宣傳組長。

三月十一日清早六點，在貴德街茶行，來了一批穿私服的人，把他叫醒帶走。隔三、四十分鐘，第二批來了憲兵穿制服，帶機關槍，也要找他。從此失蹤。

他們來茶行捉王添灯時，陳炘已被押在車上，兩人是同一輛卡車載走的。（台北南港二二八，頁二八一，其子王政統口述）

據蘇新稱：王被憲四團以汽油潑身燒死。（蘇新，頁一二五）

王添灯是最重要人物之一，先後兩批人來捉他，是本事件中最特殊的案例，第二批是憲兵，第一批呢，如依前述與陳炘押在同一車上，而陳炘是被台北市警察局刑事組帶走（詳見陳炘案例），則王添灯也是警察帶走才對。

如依蘇新所說，被憲兵燒死是真的話，則是先由警察捉走，再交由憲兵處理。可能的推斷是，王添灯本來是上級交由憲兵捕殺的人，警察也同時接到逮捕命令，先一步逮到人。惟這只是推論，尚須資料來證明。

無論如何，王添灯被捉後，從此失蹤，才是悲慘的事實。

照片四二　王添灯

王氏被陳儀列為叛亂犯的第一名，其罪跡依「辦理人犯姓名調查表」，主要為：㈠陰謀叛亂首要，組織偽二二八事件處理委員會自任宣傳組長；㈡控制廣播電台，發表叛國言論，提出三十二條件，鼓動民眾附和其行動。（表十二）

實際上，他與陳儀政府不合，早在事件前就已發生，最有名的是在省參議會上質詢兩件事：

一是貿易局將接收日人的台糖公司白糖十五萬噸，運到上海，以每斤一三〇元出售，低於台灣的一七〇元有四〇元之多，其差價損失是一二〇億台幣。王氏質詢陳儀：

「陳儀長官很關心台灣同胞，開口閉口台灣同胞、台灣同胞，對長官的關懷台灣同胞是非常感激的，但是很不幸的是，那些接收大員不是關心台灣同胞，他們關心的是台灣糖包。」

一是專賣局吞掉七十公斤鴉片，王氏質詢局長：

「你知影不知影專賣局報銷七十公斤鴉片這種代誌。」

答：「據說是給白蟻吃掉的。」（引起哄堂大笑）

問：「既然是給白蟻吃掉的，那麼，我提議，請幾個權威的科學家和醫生來試驗，看一看白蟻吃不吃鴉片？」

結果證明白蟻不吃鴉片，專賣局長被扣受審，但後來沒有下文。

後來，陳儀透過黃朝琴，要以台灣紡織公司董事長一職相誘，王氏不為所動，回稱：「如果是因為我批評了政府，政府就請我當什麼董事長，那麼，台灣人民將怎樣看待我呢！」（蘇新，頁一一〇）

在事件中，王氏擔任處委會宣傳組長，掌控處委會，被共產黨人蘇新、潘信欽、蕭友山、林日高等人包圍，提出三十二條款，是他的敗筆，國軍登陸消息得知後，又樂觀的認為國軍與日軍一樣，了不起被捉被關，友人勸逃不逃，實在是枉死。

王氏之遇害原因，除上述是處委會要角、陳儀死對頭外，被認為想當台北市長的官位，才是最

重要原因之一。（蘇新，頁一一二）

詳見十四章：壹、封官案。

貳、林連宗

林連宗，一九〇三—一九四七，四十四歲，彰化人，日本中央大學法學部畢，行政及司法兩科高考及格，在台中開業律師，擔任制憲國大代表、省參議員、省律師公會會長、二二八處委會委員。

三月十日出差到台北，以台中代表身份參加處委會開會，當日擬回台中，因火車停開，不得已住中山區寓褒里一二一號友人律師李瑞漢家，傍晚五點多來了四個穿私服的人和一個憲兵軍官，將林連宗、李瑞漢、李瑞峰三位律師帶走，用軍用吉普車載走，從此三人失蹤。（台北南港二二八，

照片四三　林連宗

照片四四　國民大會堂合影

頁一七七）

林連宗的資料，在國民政府檔案（大溪檔案）中找到，依此檔案編號一──十三：第二則情報：（見附件廿三）

「陳長官十日令憲兵駐台特高組，祕密逮捕國大代表林連強（註：宗）、參議員林桂端、李瑞峰（彼等聯名接收高等法院，係律師）。」

林連宗的罪跡，依「辦理人犯姓名調查表」列有二點：㈠陰謀叛亂顛覆政府；㈡強力接收台灣高等法院第一分院並自任院長。（表十二）

依統計分析，只要被列名官位的問題，均被捕殺。

詳見十四章：壹、封官案及十六章：貳、中國與中國人。

另依國家安全局檔案（檔案彙編㈨，頁三四）：「林連宗（自由路四號）台中市私立工藝職業學校董事」，當時謝雪紅擔任該校常任董事及校長，此關係亦可能為遇害原因之一。

參、李瑞漢

李瑞漢，一九〇六──一九四七，四十一歲，竹南人，日本中央大學法科畢，日本高等文官司法科合格，在台北永樂町開業律師，擔任台北市律師公會會長。

三月十日傍晚五點多，來了四個穿私服的人和一個憲兵軍官在其住宅台北市中山區寓褒里一二一號，說：「長官（陳儀）要請你們去開會」，將林連宗、李瑞漢、李瑞峰三人帶走，用軍用吉普車載走，從此失蹤。

隔壁房子的許乃邦（許世楷的父親）、台中章炳輝律師和饒繼岳（台中地院院長）逃過一劫。（台北南港二二八，頁二〇二）

另據李妻邱乙妹民國三十六年六月二十八日函省參議會稱：「三月十日下午五點半鐘，遇有不悉人員五人到宅，首先兩人入宅以國語與瑞漢對談後，採閩南語問瑞漢說，李瑞峰有沒有來，併問瑞峰職業姓名，瑞漢即鳩合瑞峰及林連宗對談，繼即另外之三人中又兩人進內（其中乙人穿憲兵軍服），談話約六分鐘之久，即說他們五人奉憲兵第四團之命來宅，請你們三人同行等情，旋即同行外出，以來業經三個月餘，迄無消息。」（檔案彙編(九)，頁三四四）

李瑞漢亦列二十名叛亂犯，其罪跡依「辦理人犯姓名調查表」（表十二）只有一條：「陰謀叛亂首要，並強迫接收法院」。

照片四五　李瑞漢

其實，李氏在二二八事變，未參加任何活動，只在三月初，以台北市律師公會理事長身份，召開律師公會會員大會，提出改革建議，如司法獨立、起用本省人等，但是否有「強迫接收法院」一事，有待探討。（研究報告，頁二八一）

詳見十四章：壹、封官案及參、迎婦產科案。

肆、李瑞峰

李瑞峰，一九一一—一九四七，三十六歲，竹南人，日本中央大學法科畢，高文司法科及格，在宜蘭開業律師。

三月十日傍晚五點多，被四私服、一憲兵，與其兄李瑞漢及林連宗三人一同帶走，從此失蹤。李氏曾擔任迎婦產科醫療官司之辯護律師，可能因此得罪軍方。詳見十四章：參、迎婦產科案。（台北南港二二八，頁二二九，其妻李藍慎口述）

李氏亦如其兄李瑞漢，列叛亂犯二十名之中，其罪跡依「辦理人犯姓名調查表」（表十二），亦只列一條：「陰謀叛亂首要並強迫接收法院」。

不同的是，李瑞峰出現在大溪檔案中，與林連宗、林桂端同列為陳儀交給憲兵逮捕之黑名單內。見貳、林連宗案。（附件廿三）

照片四六　李瑞峰

伍、林桂端

林桂端，一九〇七—一九四七，四十歲，台中縣人，早稻田大學法學部畢，通過日本高級文官司法人員考試，取得律師資格，為台北名律師。

三月十日下午四點，自稱憲兵隊長的于敦焜率四位帶槍憲兵，到東門町一八三號其宅說，王添

灯有事商洽，遂將之帶走，乘一部吉普車離去，從此失蹤。（文獻輯錄，頁三二七、檔案彙編(九)，頁三六二）

依大溪檔案資料，林桂端與林連宗、李瑞峰同列陳儀交憲兵逮捕之黑名單，罪狀是「彼等聯名接收高等法院」，見貳、林連宗案。（附件廿三）

依警總五月二十二日通緝文更指出：林氏參加處委會，曾提議接收法院，脅迫趕辦移交，並自任地方法院檢察處首席檢察官。詳見十四章：壹、封官案。

林氏案情奇特的有二：(一)是明明三月十日已被憲兵逮捕到案，還被警總在五月二十二日通緝；(二)此通緝文是單獨為之，因林氏並不列名表十二的二十名叛亂犯中，也不列名表十三的三十名在逃主犯名冊內。

林桂端惹禍原因，尚有：(一)林氏為名律師，經常與吳鴻麒推事檢討司法界黑暗面，對揭發貪污枉法案件不遺餘力，招致報復；(二)曾為王添灯訟案辯護，得罪高雄警察局長童葆昭；(三)林氏姓名常見報端，遭同業嫉妒出賣密告陷害。（研究報告，頁二八三）

照片四七　林桂端

陸、王育霖

王育霖，一九一九—一九四七，二十八歲，台南人，東京帝國大學法律系畢，司法官高等考試通過，曾任京都地方裁判所檢察官，是台人在日本當檢察官第一人。一九四六年元月回台，不久任新竹地方法院檢察官，因郭紹宗案辭官，當建國中學、延平學院教師，兼《民報》法律顧問，著《提審法概要》。

照片四八　王育霖

三月十四日下午二、三點左右，大約六個人走進王家，一把捉住他，翻開衣襟裡頭繡著王育霖三個字，就說：「很好，你跟我走。」大約一星期，有一男子來找其妻，拿一張字條，字條邊還印有「憲兵第四團」的字樣，字條上是王育霖的筆跡，說他有生命危險，叫其妻趕快去找劉啟光和林頂立。……從此失蹤。（台北南港二二八，頁一四二，其妻陳仙槎口述）

王育霖的死影響很大，其弟王育德因此案，亡命日本，一生搞台獨運動，邱永漢也寫一本名小說叫《檢察官王雨新》，是描寫王育霖的。

王育霖在事變中，未有任何活動。因此，王育霖的死成為打擊貪污的英雄。因為王氏生性耿介，公正不阿，曾嚴辦不少貪污案。其中以新竹市長郭紹宗的「奶粉吞沒案」（粉蟲案）最為有名，案情是：

郭紹宗是陸軍少將，兼新竹市長，他是民政廳長周一鶚的親信，被檢舉貪污美援奶粉，王氏發現此案幕後主角是郭紹宗，仍前往搜查，未料，新竹市警察局長反而命令警察將他包圍，並奪走搜索票，無搜索票變成被反擊為非法搜索，其後，上司不辨黑白，欲追究其失去搜索票之責，王氏一怒，辭去檢察官一職。其詳情，據其妻陳仙槎說：「粉蟲案是轟動全台的大案件，當事人還找人傳話威脅我先生說：『你若敢辦下去，一定會後悔。』」王育霖出去辦案時，郭紹宗派人步步跟蹤，調郭紹宗來問案，郭紹宗不肯來。王育霖只好和法警拿著文件去新竹市政府，要找市長做筆錄，郭紹宗反而調警察局警察來，說王育霖包圍市政府，混亂中，還乘機搶走王育霖的公文卷宗。

「我還記得那天王育霖回家時很生氣，他說：『我是被警察包圍，竟然說我包圍他們，我又不是不懂法律，怎會包圍他們。』又說：『事態嚴重，搜索票和文件都被搶走，形同失職，必須辭職，才是負責，才能解決，太不公平，沒有正義可言。』」

請參閱，第十五章：貳拾、王育德與台獨運動。

柒、廖進平

廖進平，一八九五—一九四七，五十二歲，豐原人，早稻田大學文學科畢，政治建設協會理事兼經濟組長，二二八處委會糧食組長。

三月十一日早上八點，兩個「私服」帶著憲兵數人到廖家沒捉到人，十八日早上六點左右在八里渡船

照片四九　廖進平

頭被憲兵捉走，從此下落不明。（台北都會二二八，頁九〇）

廖氏多謀，有軍師之稱，在三月六日下午獲知張邦傑從上海打電話來報國軍登台消息後，便首先逃亡，行跡不慎在八里坌洩漏被捕，是最大不幸。

廖氏列二十名叛亂犯中，其罪跡依「辦理人犯姓名調查表」（表十二），主要有：㈠陰謀叛亂首要；㈡向美國駐台領事館提出「將此次台灣二二八事件真相，向國內及全世界報導，並請予主持公道」之辱國要求；㈢經常利用該協會定期演講會，發表抨擊政府，不滿現狀，挑撥官民之荒謬言論。

捌、阮朝日

阮朝日，一九〇〇、七、十八—一九四七、三、十二，四十七歲，屏東人，日本福島高等商業學校畢，台灣新生報總經理。

三月十二日中午，五個身穿中山裝，操福建腔閩南語的人，以報社有事為由，到阮家台北市三橋町二丁目自宅（今南京東路一段），將他帶上黑色汽車，從此失蹤。（台北都會二二八，頁一七〇）

阮氏列二十名叛亂犯中，其罪跡依「辦理人犯姓名調查表」（表十二），有：㈠陰謀叛亂首要；㈡利用報紙從事於奸偽活動；㈢利用報紙發表挑撥離間軍官民情感。

事變時阮氏正因氣喘病在家休養，新生報總經理一職亦已申請離職，準備至彰化銀行就協理新

職，並不太管報務。惟因該報違令繼續刊載事變消息，成為懲治對象。（研究報告，頁二七八）

事實上，阮朝日被捕的最主要原因，依國家安全局情報資料揭露稱（檔案彙編㈠，頁二九二、二九四）：三月一日及八日阮朝日、吳金鍊等人兩次祕密開會，成立「新生報改進會」，要接收該報，改組為《民主報》。其詳情，如后之兩則情報：

㈠「查二二八事變時，本市新生報社叛徒吳金鍊（前日文版總編輯）、阮朝日（前總經理）、陳昆山（總經理），為影響事變，陰謀奪取報社，擬將該社改組為偽民主報，於三月一日由上列三叛徒發起接收委員會，計委員十五人，以阮朝日為偽社長、吳金鍊為偽副社長兼總編輯、陳昆山為偽總經理，施天助、李澤漢、楊成才、賴景煌、黃三木、黃得時，又由該社長李萬居派入監視行動之蔡朝根、蔡水勝、林鐘、許家庭等員為偽委員，公開倡亂、淆惑是非，幸亂局戡平，主謀吳金鍊、阮朝日案發被捕，現解警備總部軍法處訊辦中。」（頁二九二）

㈡「吳金鍊……為該報日文總編輯，糾合本省青年日文記者，以日文記事，排斥外省同胞，煽惑本省智識青年，其跡昭然……此次事變發生後，該吳金鍊藉以新生報非代表民意，不適合時勢為理由，企圖奪該報，與該報總經理阮朝日勾結，於三月八日下午六時祕密召集該報各部代表，於本市西門町新生報第三宿舍（前係日之出旅館），開催『新生報改進會』，主張將新生報經營實權，要移交於改進委員會，同時要求該報社之會計財務移交於改進會經營……管理。」（頁二

照片五十　阮朝日

九四）

以上被捕殺的案情，阮朝日的長女阮美姝（八十歲）於二〇〇六年六月四日對作者表示，當時阮朝日正在生病，在家休養，且三月一日已發布新職彰化銀行協理，因此不可能參加新生報社的活動。二二八發生時，阮美姝已二十一歲，並在二月初新婚嫁一位醫生，據她表示她對其父的作為非常清楚。對其父被捕失蹤，非常悲傷與不滿，五十年如一日，不曾間斷的在找尋原因及下落，也不間斷連繫二二八受難家屬，相互協助，找尋真相。阮朝日是屏東縣林邊鄉望族，阮美姝將五十年來蒐集的無數海內外相關文物資料，在家鄉成立「阮朝日二二八紀念館」，這是台灣唯一一間私人二二八紀念館，經營四年後，因年歲已八十，於二〇〇六年六月全部移交台南神學院及真理大學，繼續展示保存及研究。阮美姝女士窮一生之力，為其父阮朝日平反的孝行及毅力令人感動。

詳情請參閱十四章：壹、封官案；十五章：拾壹、李萬居案；及下節吳金鍊案。

玖、吳金鍊

吳金鍊，一九一三—一九四七，三十四歲，台北人，東京青山學院文學部畢，台灣新生報日文版總編輯。

三月十二日，黑頭轎車到報社把他強行押走，從此失蹤。工友騎自行車去阮朝日家，慢了一步，看到轎車把阮也載走了。是同一批單位來捉人的。（台北都會二二八，頁一八六）

照片五一　吳金鍊

另據吳妻黃天賜於民國三十六年七月十四日寫給省參議會黃朝琴議長的信說：

「吳金鍊台北市人，住居本市下奎府二丁目三番地……三月十二日中午十二時，在新生報社辦公，突被不識面之便衣三人拘拿而去，迄今四月有奇，查無消息。」（檔案彙編㈨，頁三九八）

吳氏案情與阮朝日相同。不同的是，二月二十七日晚群眾包圍憲兵隊，曾向吳氏借銅鑼一面，如被查知，必是罪狀之一。最可憐的是吳氏有五位幼童子女，吳氏被捕殺後，妻兒六人立即被憲兵逐出新生報宿舍，流浪街頭，最後以代人洗衣燒飯，賣豆漿維生，聞之令人鼻酸。

請參閱：㈠前節阮朝日案；㈡十四章：壹、封官案。

拾、吳鴻麒

吳鴻麒，一八九九—一九四七，四十八歲，中壢望族，吳伯雄二伯父，客家人，一九二八年日本大學法科畢，一九三一年取得辯護士資格，一九四〇年通過日本高等文官司法科考試，擔任高等法院推事。

照片五二　吳鴻麒夫婦

三月十二日下午三點多，兩個便衣人員到法院，向他說：「柯參謀長要請你去談話」，他毫不懷疑就隨他們去。院長楊鵬打電話給柯遠芬，柯否認有這回事。

吳案據其妻楊毛治稱：

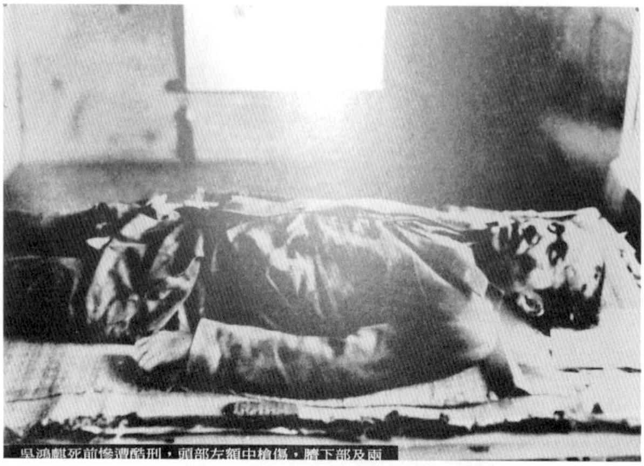
吳鴻麒死前慘遭酷刑，頭部左額中槍傷，臍下部及兩

照片五三　吳鴻麒遺體

228事件南港橋下慘死八人，當地人遂將該橋稱為「八仙橋」。(陳俊雄攝)

照片五四　南港橋

「三月十五日半夜，南港橋邊的住戶恰好是蘇鄰長，他說：半夜他在屋內聽到卡車駛過又停下來的聲音，車停以後，他又聽到陣陣哭聲，然後有人用台灣話的三字經在罵『到這時還哭，哭什麼』，接下來，他就聽到砰的一聲槍響，停了二十幾分鐘，又有一陣一陣的槍聲。

天亮，他才敢出面探看，他看到橋下八具屍體。

十六日下午鄰長帶我們去現場，十七日舅舅用人力車，把屍體從南港運回家，醫生驗屍時只找到出槍孔，找不到入槍孔。三年後一千日後開棺撿骨，骨頭上的傷痕看得一清二楚，是貼著右邊後腦骨直接開槍的，然後穿越腦袋，從左邊頭骨出來。

醫生驗屍時，我們看到吳鴻麒身上滿是傷痕，下半身都是一道道的烏青，連睪丸都打破了，可見死前那幾天，早被刑求至呈半死狀態。我們推測，三月十五日那天，高等法院院長四處帶我們找，軍方見局面無法收拾，人已被打得半死，交代不了，只好和其他七人緊急處決。」（台北南港二二八，頁四三，其妻楊毛治口述）

吳氏一案，由於其妻楊毛治教授忍辱奔走，窮一生之力奮鬥，使案情資料發現較多較明朗，亦連帶的，使整個二二八案情有較深的突破。

筆者深受感動，特在十四章中，以三個專題將吳氏被害緣由，作舉證深入分析，此三專題即：迎婦產科案、員林事件案及手槍六百支案。

另有一說，在處委會草擬的封官名單中，吳鴻麒被列為高等法院院長，自然成為被捕殺對象，詳見十四章：壹、封官案。

拾壹、鄭聰

鄭聰，一九〇一—一九四七，四十六歲，台北市華美醫院醫師，專賣局松山煙草廠專員，三月十五日下午七時二十分，被佯稱王組長者誘請商談帶走，當夜十二時許在南港橋被槍殺，共八屍被拋入橋下。被認領五位計：

照片五五　鄭聰

(1)吳鴻麒；(2)林旭屏；(3)鄭聰；(4)周淵過（二十六歲，三重埔菜寮十三號，豆干商，三月十五日上午四時數名憲兵來宅帶走）；(5)林定枝（三十三歲，北市建成町四丁目十四號，三月十五日下午三時騎腳踏車外出後不知去向）。

其餘三位無名氏年紀分別為約二十、三十四、四十多歲。

請參閱上節吳鴻麒案。（文獻輯錄，頁三二四）

拾貳、施江南

施江南，一九〇二—一九四七，四十五歲，鹿港人，台北醫學校畢，日本京都帝國大學醫學博士，為台人第二位醫學博士（第一位是杜聰明）。在台北市開設四方醫院（天水街六五三號），並擔任台北市醫師公會副會長。

三月十一日晚上八點左右，醫院闖進五、六個穿棉襖軍服的軍人，手上持槍，另外還有兩個穿便服的，說「長官要施江南去問兩句話」，就押著他上車。後來聽其司機說，那群人是警備司令部的人。從此失蹤。（文獻輯錄，頁三五〇；檔案彙編(九)，頁三五五）

施氏列二十名叛亂犯中，其罪跡依「辦理人犯姓名調查名冊」，只有六個字：「陰謀叛亂首要」。因為施氏雖名列處委會委員及政治建設協會理事，但事變中剛好身患瘧疾，無任何活動。因此其遇害可能另有原因。

據其妻陳焦桐稱：

「有人說死因是戰後那件轟動一時的台北帝大醫學院迎教授的『迎婦產科事件』，在那件史無前例的醫療官司裡，施江南出面作證，說錯不在醫生，後來施江南和黃朝生、徐春卿和李仁貴四人聯合保釋迎教授，此事嚴重得罪軍方。

也有人說是柯遠芬的關係，戰後台灣兵回來，沒工作又沒飯吃，為此施江南去找過柯遠芬，柯遠芬根本不理睬，還說：『你們台灣人吃日本人剩的就夠了。』施江南一聽大怒，曾經當面吼過柯遠芬，回家還氣呼呼的。

我也聽說，他們老早就有逮捕名單了，好像有十二個人，林茂生、陳炘、李瑞漢、阮朝日、林旭屏、李仁貴等人都在名單上。」（台北南港二二八，頁一一六）

另有一說：在處委會草擬台灣人官位名單中，施江南為衛生處長，自然被列為捕殺對象，詳見十四章：壹、封官案。

拾參、林茂生

林茂生，一八八七—一九四七，六十歲，台南人，基督徒，一九一六年東京帝國大學哲學系畢，一九二九

照片五六　施江南

照片五七　林茂生

年哥倫比亞大學哲學博士，是台灣第一位哲學博士。任台大文學院院長、民報社長、國民參政員。

三月十一日，一輛警備司令部派來的黑色轎車（國字〇五〇二五號）到台北市大安區錦安里四四八巷六二三號林宅，四名武裝人員在外監視，兩名穿中山服佩戴手槍的大陸人進入屋內……林對妻說：「我去見陳儀」，在六名佩槍人員的陪同下，坐入黑色轎車離去。從此失蹤。

黑色轎車主北一汽車行老闆說：那輛車確是他們所有，但早被警備總部徵調做公事之用。（台北都會二二八，頁二四）

另據林妻王采蘩民國三十六年六月二十七寫給省參議會議長黃朝琴的信稱：「三月十一日下午一時……突有六人身份不明，穿便衣帶武器，操閩南語口音者，前來台北市大安區錦安里四四八巷六二三號住宅，以『台灣大學校長請去談話』為詞，將民夫扶上國字第〇五〇二五汽車載去，至今三月餘，蹤跡不明，消息毫無。」（檔案彙編(九)，頁三三八）

林氏列二十名叛亂犯中，其罪跡依「辦理人犯姓名調查表」（表十二）有三：(一)陰謀叛亂，鼓動該校學生暴亂；(二)強力接收國立台灣大學；(三)接近美國領事館，企圖由國際干涉，妄想台灣獨立。

楊亮功來台調查時，曾問及林氏，陳儀指林氏搞台獨運動。

事實上，林氏之死因，可能與其所辦之《民報》有關，該報抨擊公署施政甚多，得罪不少官員。林氏十一日被捕後，十三日民報即遭查封。

另一說法為，處委會草擬一份台人官位名單中，林茂生列名台大校長。此名單中人均被捕殺無

一倖免。（詳見十四章：壹、封官案）

另一值得研究的是，林氏身為國民參政員，南京的國民參政會還在四月十四日，致電林茂生，請於五月二十日到南京參加第四屆第三次會議。而事實上林氏在三月十一日被捕後，已從此失蹤。

國民參政員，依民國三十五年八月一日修正的「國民參政員組織條例」，台灣地區分配名額八人，由省參議會於三十五年八月十五日選舉產生，計：林獻堂、林茂生、林宗賢、杜聰明、羅萬俥、吳鴻森、陳逸松及林忠等八名，其中涉案的有林獻堂、林宗賢、杜聰明、陳逸松等四人，請參閱十五章劫後餘生貳、肆、拾捌各案例。

拾肆、林旭屏

林旭屏，一九〇四—一九四七，四十三歲，嘉義東石人，東京帝國大學法學部畢，一九三二年通過高等文官行政科考試，後來又通過高等文官司法科考試。任專賣局煙草課長，是台人最高位者。

照片五八　林旭屏

三月十五日晚六點多，兩個穿中山服的外省人到林宅，將林夾著押進黑頭車，車內坐有另外兩個人。十七日在南港橋下找到，還穿著被捉時的衣服，雙手雙腳都被緊緊綁著，頭上有傷痕。運回火化後匆匆埋在士林公墓。（台北南港二二八，頁九五）

其受傷情形係頭部中彈，子彈由前額進去，後腦出來，身體被五花大綁。（研究報告，頁二九八）

二二八事變中，林氏並未參加活動，反而覺得責任加重，每天乘公務車上班，而外省人都避難不上班，這樣反而遭人檢舉有不良企圖。有一天在路上，杜聰明勸他，最好避一避比較好，他理直氣壯認為自己沒做什麼，躲避反而顯得有問題。這種不瞭解中國政治，實在是枉死。

事實上，林氏在傳言處委會草擬的官位名單中，被列名專賣局長，自然成為捕殺對象。（詳見十四章：壹、封官案）

拾伍、李仁貴

李仁貴，一九〇一—一九四七，四十六歲，台北蘆洲人，蘆洲公學校畢，經營台北電氣工程公司，擔任台北市參議員、政治建設協會理事、二二八處委會調查組長。

三月十一日上午九時，要前往自己店鋪，步出家門不遠，就被軍憲人員按住肩膀帶走，直到路旁賣豆漿的熟人來通報始悉，從此失蹤。惟戶籍資料卻登記死亡日期為十年後的四十六年三月十一日，不知是誤植或被關了十年病死獄中。（文獻輯錄，頁三四一）

李氏列二十名叛亂犯中，其罪跡依「辦理人犯姓名調

照片五九　李仁貴

查表」（表十二）為：㈠陰謀叛亂首要；㈡提議將國軍武力完全解除，治安由偽處委會維持。

李氏人緣好，還收留多位外省人，含警察局長在內，自認對外省人那麼好，怎可能被抓，因此十日蔣渭川案發後其妻勸他躲避，他就是不肯逃，想不到十一日就被捕，實是枉死。其死因可能是擔任處委會調查組長，參加不少活動有關。（研究報告，頁二八二）

拾陸、徐春卿

徐春卿，一八九五—一九四七，五十二歲，台北人，台北國語學校畢，經營煤礦業，台北市參議員，二二八處委會委員。組織「反對日產拍賣委員會」。

三月十一日上午十一時左右，兩個便衣情治人員，開車至大正街二丁目十九號徐宅附近橋上，走路至其宅，佯稱長官公署開會，派車接送。被帶走後從此失蹤。（檔案彙編㈨，頁四一三；文獻輯錄，頁三三七；台北南港二二八，頁三〇三）

照片六十　徐春卿

徐氏列二十名叛亂犯內，其罪跡依「辦理人犯姓名調查表」（表十二）為：㈠陰謀叛亂首要；㈡反對日產標售，組織日產租戶聯誼會，擴大反對政府措施。

事實上，他並無叛亂，主要是，他反對日產拍賣，與陳儀集團要將台人私下向日人合法取

照片六一　接收日產房屋

得，或日人送給台人的土地房屋等財產，收歸政府拍賣，以增加財源的政策相衝突，陳儀的這項政策，當時引起台人不滿，是引起事變的原因之一，徐氏擔任市參議員，出來組織「反對日產拍賣委員會」，領導民眾與政府抗爭，應是他被藉機捕殺的主要原因。

高雄市的涂光明，也是擔任高雄市日產清查室主任，被彭孟緝在三月六日收押後處決，都是與日產有關，南北相對照，可以聯想當時日產對陳儀集團的誘惑及指染企圖，有多嚴重。

研究二二八，不可不研究日產當時的民情看法。時至今日，國民黨黨產成為被抨擊的目標，很多黨產也是接收日產來的，如原仁愛路的中國廣播公司址等等即是。

徐氏在迎婦產科事件中，出面保釋日籍醫生，得罪軍方，也是被捕殺原因之一。（詳見十四章：參、迎婦產科案）

拾柒、陳屋

陳屋，一八九六—一九四七，五十一歲，台北人，台北師範畢，經營迪化街雜貨行，擔任台北市參議員、二二八處委會委員。

陳氏於三月某日在其自宅被帶走，從此失蹤。同月二十三日其子陳宛茹，亦因悲憤過度去逝，一個月內父子同遭不幸，一家陷入困境，由二十七歲媳婦獨立支撐。（文獻輯錄，頁三三五）

可悲的是，陳氏還在四月十八日被通緝，列在「首謀叛亂在逃主犯名冊」內，罪名是：㈠處委會委員；㈡謀議三十二條叛國議案；㈢主張陸海空幹部主管應由本省人擔任，⑷廣播荒謬言論，煽動暴動。（表十三）

此外，陳氏遇害，可能與迎婦產科事件有關，陳氏亦是保釋日籍醫生的市參議員之一，而得罪軍方。（詳見十四章：參、迎婦產科案）

拾捌、宋斐如

宋斐如，一九〇三—一九四七，四十三歲，台南縣人，北京大學經濟系畢，東京帝國大學研究院深造，戰前任職軍事委員會設計委員，兼任中央幹部訓練班指導員，戰後回台擔任省教育處副處長，為台人職位最高者，創辦

照片六二　陳屋

照片六三　宋斐如

《人民導報》。

宋氏於三月十一日下午二時，被便衣六人，佩帶警備總部證章，持槍，乘小型汽車（車牌〇二〇三九號，特別通行證七三號），在其宅台北市大安十二甲六十巷三〇五－一六號，將他拘捕，從此失蹤。（文獻輯錄，頁三四三；檔案彙編(九)，頁三一九）

宋氏列二十名叛亂犯內，罪跡依「辦理人犯姓名調查表」為：(一)陰謀叛亂首要，組織台灣民主聯盟；(二)利用報紙抨擊政府施政，竭力暴露政令弱點。（表十二）

原來，宋氏生性耿介、廉潔，雖為半山且台人最高位者，然從不藉機牟取私利。因創辦《人民導報》自任社長，常批評時政，得罪當局，被要求副處長與社長二選一，他放棄社長，由王添灯繼任社長。二月二十二日副處長亦被免職。二二八期間他並未參加活動，還是被捕殺。

宋氏遇害，據當時的民政處長周一鶚在「陳儀在台灣」文中稱：「軍統、中統同流合污，無所顧忌地為所欲為……譬如宋斐如、林茂生的被殺害，陳儀就很痛心地告訴我：『他們事先不請示，事後還要求補辦手續，真是無法無天。』」（文獻續錄，頁六七一）

宋妻區嚴華，廣東人，在省法制室任職。二二八事件後，於當年九月，幫助前人民導報主筆陳文彬一家逃離台灣。不久，區嚴華被捕，一九四八年一月，以參加共產黨罪名被槍決。

照片六四　陳能通

照片六五　黃阿統

照片六六　盧園

拾玖、陳能通（三人）

陳能通，一八九九—一九四七，四十八歲，淡水人，基督世家，東京帝大物理系畢，淡江中學校長。

黃阿統，一九〇五—一九四七，四十二歲，新竹客家人，台北第二師範畢，淡江中學訓導主任。

盧園，一九二一—一九四七，二十六歲，日本上田專校畢，淡江中學化學老師。

三月十一日早上五點多，淡水第二總台軍隊包圍淡江中學，七點多逮捕陳能通、黃阿統及陳父三人；盧園被槍擊中左肩，十八日不治死亡，十二日陳父陳旺牧師被釋回，陳、黃二員從此失蹤。

三人的被捕殺原因，據基隆要塞司令部的「綏靖報告書」中記載：（附件廿四）

「本部駐淡水之第二總台在事變中，以少數兵力，獨立制壓該區暴亂，頗為努力。當台北暴動時，該區淡水中學校長陳能通，發表謊（荒）謬言論，煽動學生響應台北，招致流氓及青年學校（生）在校內舉辦軍事訓練班，由訓導主任黃阿統主持反動組織，並以該校為根據地，指使流氓襲擊該總台所屬之第二台、第六台及探照燈隊，企圖劫取武器。

三月十二日經該總台派兵包圍搜查，計搜出步槍九十八支、輕機槍一挺、防毒面具四十五個，並當場格斃匪首陳能通、黃阿統等三名，因而淡水未致大亂者，要為總台措置有方也。」

黃阿統子黃文治，德國歷史學博士，現為德國教授，他以其專業取得這份文件，批評說：

「根本是胡說八道，日期不對，也不是當場打死，更沒有輕機槍、防毒面具等，完全是莫須有罪名，而那些教練槍多數是木頭槍，我看過，根本不能用的……我父親是冤枉的，我估計，是列好名單來抓的，是被有計畫的逮捕謀殺，至於為什麼會列入黑名單，誠如李登輝總統所說的：為什麼？是因為你太傑出了。

我想，他唯一的罪過就是受的是日本教育，沒有受過中國教育，不知道中國政治的黑暗。」

（淡水河域二二八，頁二一九、二二〇、一一四、二〇五；文獻輯錄，頁三五八）

貳拾、陳炘

陳炘，一八九三—一九四七，五十四歲，台中縣人，東京慶應義塾理財科畢，美國哥倫比亞大學經濟學碩士，開設大公公司，三十六年三月一日就任新成立的台灣信託公司董事長。

「三月十一日早上，穿著制服的警員數人闖入我家，將先父帶走，從此一去不復返，斷絕音息。」（陳炘子陳盤東口述，文獻補錄，頁一〇四）

「三月十一日清晨六時許，家父陳炘竟遭台北市警察局刑事組組長林致用等非法逮捕，並交由台灣警備總部羈押，迄今四十五年。」（文獻補錄，頁一〇六，刑事狀）

據警總「二二八事變案件已決人犯名冊」，陳炘係依內亂罪，經「訊明共同首謀意圖顛覆政府而實際行動，處死刑，褫奪公權終身」，是二十名要犯唯一被正式判處死刑者。（研究報告，頁二七一；警總檔案案犯處理(四)，頁四二）

事實上，陳炘的死，與他的金融長才有關，光復後他聯合文化協會人員組「大公企業公司」，與江浙財團利益相衝突，又接手「台灣信託公司」，該公司的龐大資產受到他人覬覦。且在一次進見陳儀時，指責陳儀未能起用本省人，甚至痛斥陳儀被周遭的人所包圍矇蔽，而得罪陳儀。另一說法是，陳炘在處委會草擬的官位名單中，列名財政處長，而該名單上人無一倖免。（見十四章：壹、封官案）

陳炘的死，正是他準備運用其經營手腕在金融業大展抱負之際，不幸遇到二二八，實是台灣人重大的損失。

有關陳炘的金融長才評價，據其妻謝綺蘭口述一段歷史，可知一二：

照片六七　陳炘

「二次大戰甫結束，蔡培火在重慶，有一次蔣中正先生問『台灣人才』，他答以有兩個人不能不知，一是林獻堂，一是陳炘，前者為台灣社會的象徵領袖，後者是金融長才。從外子的罹難，似可看到這件歷史悲劇的縮影。」（文獻輯錄，頁三〇五；檔案彙編(九)，頁三八四）

貳壹、楊元丁

楊元丁，一八九八—一九四七，四十九歲，桃園人，公學校畢，布商，擔任基隆市參議會副議長、處委會副主委，及基隆市倉庫合作社經理。

三月九日被殺，十日浮屍於基隆港區田寮河明德橋下。

依國家安全局日誌稱（檔案彙編(二)，頁一五五）：「三月九日，本日主犯參議會副議長楊元丁，亦被密捕密裁矣。」所謂密捕，即祕密逮捕；所謂密裁，即祕密處決，密裁是情報用語，是情報人員祕密處決對象的手法，二二八事件遇害菁英，很多是被密裁的。

另據其子楊光漢稱：（文獻輯錄，頁二九六）

「家父由於深入基層，對於民間疾苦及軍警欺壓百姓案件，瞭如指掌，嫉惡如仇，乃經常在質詢時，仗義直言，尤其警察局長郭紹文（浙江人）更如坐針氈，埋下日後被暗殺主因。

三月八日由台北開來載米貨車（當時基隆糧荒），行經八堵時，適被軍警攔截，且示意非家父出面，不得通行，且將對貨車司機等人有所不利，當時家父對中國政府及軍隊將展開報復及屠殺一事，早有心理準備，故走避鄉間，父親聞悉此事，明知自己處境，仍義不容辭趕赴交涉，因此自投羅網，未經任何審判程序，即由二位警官予以槍殺，由於家父身體壯碩魁梧，被打六槍才從容死去，直至十日上午，才被發現於當時公會堂前（今基隆文化中心）田寮河（近基隆港），屍首竟然直立水中，令人肅然起敬。」

另據陳其寅口述稱：（文獻輯錄，頁二九九）

「二二八事件時，他還到八堵購運食米二十噸供給基隆市民，因批評時政，檢舉貪污，得罪人，所以被槍殺。」

綜上得知，楊氏擔任基隆市倉庫合作社經理，在事件時，基隆米荒，從事購米生意，此次八日之運米，實與他有關，因此不得不出面解決，而遭不測。

照片六八　楊元丁

表十二：辦理人犯姓名調查表（三十六年三月十三日陳儀呈蔣主席）

姓名	略歷	罪跡
1 王添灯	1.省參議員 2.三民主義青年團台灣區團台北分團幹事長 3.台灣省政治建設協會理事 4.處委會委員	1.陰謀叛亂首要，組織偽二二八事件處理委員會自任宣傳組長 2.號召前受日本陸海空軍訓練之青年加以編組以為擴大叛亂之武裝力量 3.控制廣播電台，發表叛國言論，提出三十二條件，鼓動民眾附和其行動 4.密組偽「新華民國」政府
2 徐　征	1.私立延平學院教授 2.中共台灣省工作委員會委員	1.奸偽首要 2.組織國語講習會，從事吸收社會青年，以為奸黨外圍群眾 3.組織瀛青社，吸收知識青年，及大學學生，擴大活動 4.策動延平學院學生叛亂
3 李仁貴	1.台北市參議員 2.台灣省政治建設協會理事 3.偽二二八事件處理委員會委員兼調查組長	1.陰謀叛亂首要 2.提議將國軍武力完全解除，治安由偽處理委員會維持
4 徐春卿	1.台北市參議員 2.偽二二八事件處理委員會委員	1.陰謀叛亂首要 2.反對日產標售，組織日產租戶聯誼會，擴大反對政府措施
5 林茂生	國立台灣大學教授	1.陰謀叛亂，鼓動該校學生暴亂 2.強力接收國立台灣大學 3.接近美國領事館，企圖由國際干涉，妄想台灣獨立

姓名	略歷	罪跡
6 宋斐如	1.人民導報社長 2.奸偽要角	1.陰謀叛亂首要，組織台灣民主聯盟 2.利用報紙抨擊政府施政，竭力暴露政令弱點
7 艾璐生	1.大明報發行人 2.奸偽要角	1.陰謀叛亂首要 2.利用報紙抨擊政府施政，強調有政治革新之必要，煽動人心不滿現實
8 阮朝日	1.台灣新生報社總經理 2.奸偽要角	1.陰謀叛亂首要 2.利用報紙從事於奸偽活動 3.利用報紙發表挑撥離間軍官民情感
9 吳金鍊	台灣新生報編輯	1.陰謀叛亂首要 2.利用報紙從事煽動群眾，挑撥離間軍官民情感
10 廖進平	1.台灣省政治建設協會理事兼經濟組長 2.偽二二八事件處理委員會委員	1.陰謀叛亂首要 2.向美國駐台領事館提出「將此次台灣二二八事件真相，向國內及全世界報導，並請予主持公道」之辱國要求 3.經常利用該協會定期講演會，發表抨擊政府，不滿現狀，挑撥官民之荒謬言論
11 黃朝生	1.台北市參議員 2.偽二二八事件處理委員會委員兼救護組委員 3.台灣省政治建設協會理事兼財政組長	1.陰謀叛亂首要 2.勒令各公私立醫院，不得為受傷外省人醫治 3.陰謀組織偽「新華民國」政府

姓名	略歷	罪跡
12 林連宗	省參議員	1.陰謀叛亂顛覆政府 2.強力接收台灣高等法院第一分院，並自任院長
13 王名朝	1.台灣省鐵路管理委員會職員 2.奸偽要角	1.鼓動鐵路員工罷工響應叛亂 2.鼓動控制鐵路交通，運輸叛軍向各地增援 3.連絡南北沿線鐵路員工擴大叛亂
14 施江南	台灣省政治建設協會理事	陰謀叛亂首要
15 李瑞漢	律師	陰謀叛亂首要並強迫接收法院
16 李瑞峰	律師	陰謀叛亂首要並強迫接收法院
17 張光祖	台北大流氓首領	1.策動殺害外省人首要 2.領導爪牙協助暴亂
18 堀內金城	1.工業研究所技師 2.日本留台地下工作者	1.策動台人叛亂 2.組織日本地下間諜網，偵探我軍政情報
19 植崎寅三郎	日本留台地下工作者	1.策動台人叛亂 2.組織日本地下間諜網，偵探我軍政情報
20 陳炘	1.金融專家 2.大公公司、台灣信託公司董事長	共同首謀意圖顛覆政府而實行暴動

表十三：二二八事變首謀叛亂在逃主犯名冊（三十六年四月十八日發布）

姓名	性別	年齡	籍貫	面貌特徵	案由	罪名
1 蔣渭川	男	四十八	台北市	前額稍禿 身材中等	倡謀叛亂 煽惑暴動	1.政治建設協會總務組長 2.二二八事件處委會主要首領 3.要求政府撤退軍警 4.控制廣播電台，發表荒謬煽動言論，意圖顛覆政府 5.強迫奪取軍糧 6.召集前日陸海空軍人員開會，號召組織武裝隊伍及青年同盟
2 謝雪紅	女	四十六	台中縣	頭髮撥後結束 前額稍禿 身材中等 門牙前突	奸黨首要 暴動主持者	1.台灣共黨首領 2.組織偽台中區作戰本部，自任作戰部副部長兼政治部長 3.召開市民大會，煽惑群眾，擴大叛亂 4.暴力接收政府機關行使政權 5.控制交通阻斷國軍行動 6.劫奪軍用倉庫攻擊國軍
3 張晴川	男	五十一	台北市		倡謀叛亂 煽惑暴動	1.政治建設協會理事兼宣傳組長 2.二二八事件處委會委員兼宣傳組委員 3.控制廣播電台煽惑群眾參加叛亂 4.提議搶奪公糧

姓名	性別	年齡	籍貫	面貌特徵	案由	罪名
4 黃朝生	男	四十五	台北		倡謀叛亂 煽惑暴動	1.政治建設協會理事兼財政組長 2.二二八事件處委會委員 3.脅迫政府無條件釋放人犯 4.主張解散警察大隊 5.倡議叛亂煽惑暴動
5 王添灯	男	四十七	台北		叛亂首要	1.二二八事件處委會首領兼宣傳組長 2.提議並廣播三十二條叛國議案 3.派員監視台灣銀行企圖控制全省金融命脈 4.控制廣播電台及交通機關
6 白成枝	男				叛亂首要	1.二二八事件處委會委員 2.參與謀議三十二條叛國議案 3.煽惑流氓及群眾擴大叛亂 4.召集前日陸海軍人員開會，號召組織武裝隊伍
7 呂伯雄	男	四十七	基隆		叛亂首要	1.政治建設協會理事長兼政治組長 2.經常發表言論煽惑群眾反抗政府 3.二二八事件處委會委員，參與謀議三十二條叛國議案 4.召集前日陸海軍人員開會，號召組織武裝隊伍 5.歪曲事變事實，向美國新聞處發表荒謬言論

姓名	性別	年齡	籍貫	面貌特徵	案由	罪名
8 李仁貴	男	四十七	台北		叛亂首要	1.政治建設協會理事 2.二二八事件處委會委員 3.主張撤銷政府武力禁止國軍行動 4.號召組織武裝隊伍反抗政府，並主持學生接收各派出所事宜
9 鄧進益	男		台北		叛亂首要	1.二二八事件處委會委員，民主聯盟首要 2.參加謀議三十二條叛國議案 3.詆毀政府煽惑群眾
10 廖進平	男	五十三	台中		叛亂首要	1.政治建設協會理事兼經濟組長 2.二二八事件處委會委員 3.召集前日陸海軍人員開會，號召組織武裝隊伍 4.提議歪曲事實，向美國新聞處發表荒謬言論
11 陳　屋	男	四十九	台北		叛亂首要	1.二二八事件處委會委員 2.謀議三十二條叛國議案 3.主張陸海空幹部主管應由本省人擔任 4.廣播荒謬言論，煽動暴動
12 郭國基	男	四十八	高雄		叛亂首要	1.與蔣渭川、王添灯等勾結圖謀顛覆政府 2.事變前藉考察全省工廠事業為名，從事煽動暴亂 3.鼓動暴徒叛亂，組織高雄治安軍，並強力接收政府機關

姓名	性別	年齡	籍貫	面貌特徵	案由	罪名
13 潘渠源	男		台北		叛亂首要	1.二二八事件處委會委員，歷次主持會議圖謀叛亂 2.反對恢復通車以免國軍增加兵力 3.提議對付並阻止國軍經桃園開台北 4.提議歪曲事實，向全世界散布荒謬言論
14 林日高	男	四十五	台北縣		奸黨主要叛亂首要	1.台共中委 2.二二八事件處委會委員兼宣傳組委員 3.與王添灯勾結策劃顛覆政府 4.號召組織武裝隊伍，意圖顛覆政府 5.策動響應謝雪紅叛亂
15 林樑材	男	三十九	台北		奸黨首要叛亂首要	1.中共台灣工作委員會負責人 2.掠奪軍用倉庫武器 3.煽惑叛亂
16 王萬得	男	四十五	台北	面長方形顴骨高門牙		1.台共中委 2.政治建設協會理事兼社會組組長，經常主持各種講演會，煽惑民眾反抗政府 3.事變中暗中策動組織該會外圍團體，如台灣自治青年同盟、民主聯盟、學生同盟實施叛亂 4.領導奸黨份子暴動
17 潘欽信	男	四十	新竹		奸黨主要叛亂要犯	1.台共中委 2.政治建設協會理事 3.潛入青年團工作，掩護奸偽活動 4.利用青年團組織擴大叛亂行動

姓名	性別	年齡	籍貫	面貌特徵	案由	罪名
18 蘇 新	男	四十	台南	面方鼻大 身材中等	奸黨主要 叛亂要犯	1. 台共中委 2. 煽惑暴動與蔣渭川、王添灯勾結
19 徐春卿	男		台北		叛亂要犯	1. 二二八事件處委會委員 2. 提議鐵路不許運兵，並監視水源地 3. 向警備總部要挾禁止運兵 4. 煽惑群眾參加暴動
20 王名貴					叛亂要犯	1. 二二八事件處委會委員 2. 謀議三十二條叛國議案
21 陳旺成	男	五十九	新竹		叛亂首要	1. 政治建設協會理事 2. 二二八事件處委會委員 3. 提議市民自己維持治安，不許軍警帶槍出勤 4. 煽惑叛亂
22 林連宗	男	四十三	台中市	額寬高 身材中等	叛亂首要	1. 二二八事件處委會委員 2. 策動台中地區暴動，與偽台中作戰本部謝雪紅等勾結 3. 要挾接收台灣高等法院
23 駱水源	男		台北		叛亂要犯	1. 二二八事件處委會委員 2. 歪曲事變事實，向美國新聞處發表荒謬言論

姓名	性別	年齡	籍貫	面貌特徵	案由	罪名
24 陳纂地	男		台南		叛亂要犯 武裝暴動	1.在台南斗六等地，率領武裝暴徒抵抗國軍 2.與謝雪紅遙為呼應，於事變時攻奪軍用倉庫，搶劫武器
25 陳瑞安	男				叛亂要犯 武裝暴動	1.率領暴徒圍攻桃園警察局警察所 2.率領暴徒攻佔新竹縣政府及官舍
26 張忠誠	男				叛亂要犯 武裝暴動	1.率領暴徒武裝暴動 2.自任偽嘉義司令官
27 張武曲	男				叛亂要犯	1.號召組織由海外回台軍人全體武裝，由其武裝
28 顏欽賢	男	四十六	基隆		叛亂要犯	1.二二八事件處委會委員 2.主持組織煤礦忠義服務隊反抗政府
29 廖文毅	男	三十八	台南		陰謀叛亂	1.幕後策動，指示野心家實行事變策略
30 廖文奎	男	四十一	台南		陰謀叛亂	1.幕後策動，指示野心家實行事變策略

附件廿四：基隆區綏靖報告書（陳能通案）

「台灣二二八事變基隆區綏靖報告書」所載關於黃阿統、陳能通的罪狀，家屬認為根本就是胡說八道。

（淡水河域二二八，頁二一九）

附件廿五：二二八事件被殺被捕被通緝名單

綜合各方面所提供資料，於三十六年三、四月間，台灣著名士紳之中，被殺死、被捕、被通緝的有如下之多。這些人包括各界。

一、被殺者：

張七郎（國大代表、醫師，其二子也被殺）、林連宗（國大代表、省參議員、律師）、林茂生（國民參政員、台大文學院長、民報社長）、王添灯（省參議員、台灣茶商公會會長）、楊元丁（基隆市參議會副議長）、葉秋木（屏東市參議會副議長）、黃賜（高雄市參議員）、王石定（高雄市參議員）、許秋粽（高雄市參議員）、潘木枝（嘉義市參議員）、盧炳欽（嘉義市參議員）、陳澄波（嘉義市參議員、畫家）、柯麟（嘉義市參議員）、黃朝生（台北市參議員、醫師）、李仁貴（台北市參議員）、陳屋（台北市參議員）、徐春卿（台北市參議員）、吳鴻麒（台北高等法院推事）、王育霖（前新竹地方法院檢察官、建國中學教員）、林桂端（律師）、李瑞漢（律師）、李瑞峰（律師）、宋斐如（人民導報社長、前長官公署教育處副處長）、吳金鍊（新生報日文版總編輯）、阮朝日（新生報總經理）、林界（新生報印刷廠長）、邱金山（新生報高雄分社主任）、蘇憲章（新生報嘉義分社主任）、黃媽典（省商會聯合常務理事）、湯德章（台南市人權保障委員會主任、律師）、蘇耀邦（宜蘭農業學校校長）、郭章垣（省立宜蘭醫院院長）、陳復志（原名陳士賢，三青團嘉義分團總幹事）、張宗仁（鳳林初中校長、張七郎的長男）、許錫謙（三青團花蓮總幹事）、張果仁（花蓮中學教員，張七郎的三男）、陳炘（台灣信託及大公企業董事長）、施江南（四方醫院院長、醫學博士）、廖進平（政治建設協會理事）、陳能通（淡水中學校長）、黃阿統（淡水中學教員）、顧尚太郎（醫師）、涂光明（高雄市政府日產清查室主任）、曾豐明（高雄人）。

二、被捕者：

林宗賢（國民參政員、中外日報董事長）、郭國基（省參議員）、林日高（省參議員）、洪約白（省參議員）、馬有岳（省參議員）、潘渠源（台北市參議會副議長）、駱水源（台北市參議員）、簡檉堉（台北市參議員）、黃定火（台北市參議員）、陳華宗（台南縣參議會議長）、蔡丁贊（台南市參議員）、吳新榮（台南縣參議員）、林連城（台中市參議員）、莊垂勝（台中圖書館館長）、陳萬福（台中縣參議員）、林糊（台中縣參議員）、李金聰（高雄市參議員）、郭萬枝（高雄市參議員）、詹榮岸（高雄縣參議員）、陳崑崙（高雄縣參議員）、饒維岳（台中地方法院院長）、葉作樂（台中地方法院推事）、賴耿松（花蓮地方法院推事）、陳世榮（台中地方法院檢察官）、鄭松筠（花蓮地方法院檢察官）、賴遠輝（台中監獄典獄長）、林有福（台中地方法院書記）、蔡玉杯（台中地方法院書記）、陳長庚（台中地方法院書記）、莊孟侯（三青團台南分團總幹事）、黃師樵（新竹縣圖書館館長）、林克繩（台中市消防隊副隊長）、鄭四川（台南工學院教師）、鍾逸人（和平日報嘉義分社主任）、蔡鐵城（和平日報記者）。

三、被通緝者：

一九四七年六月五日，台灣警備總司令部向台灣高等法院檢察處控訴三十名「內亂罪」嫌疑犯，姓名如下：王添灯、黃朝生、李仁貴、廖進平、陳屋、徐春卿、林連宗（以上七名通緝前已被殺）、蔣渭川、張晴川、白成枝、呂伯雄、鄧進益、潘渠源、王名貴、駱水源、陳瑞安、張忠誠、張武曲、顏欽賢（以上十二名後來向當局自新）、謝雪紅、林樑材、王萬得、潘欽信、蘇新（以上五名均離開台灣到國外或海外）、廖文奎、廖文毅（此兩兄弟，一個在香港，一個在上海，陰謀「託管」或「獨立」運動）、林日高、郭國基（此兩人被捕，後判無罪）。

—文獻輯錄二八八—（錄自：林木順《台灣二月革命》）

十三　公開捕殺

公開捕殺與祕密捕殺的不同點，至少有四：

㈠它公開槍殺：如嘉義火車站廣場三次槍決事件、新營、台南、屏東公開槍決事件，槍決之前先遊街，槍決之後再曝屍示眾，主要是報復及殺雞示警作用。不同於祕密捕殺之密捕密裁，主要在剷除異己。

㈡它以南部、東部為主，不同於祕密捕殺，以北部為主。

㈢它在時間上較晚，大多屬秋後算帳性質。不同於祕密捕殺在國軍登陸後即迅速為之。

㈣它以軍人執行為主，警察為輔。不同於祕密捕殺以憲兵、警總、便衣為主，軍人、警察為輔。

惟，公開捕殺，仍然未經司法審判，只依戒嚴時期的法令，由軍法在數日內草草判決、速速槍決，當事人及家屬無由申辯機會。且公開槍決的手段殘忍，遊街、曝屍、不准立即收屍等手段，過於殘暴，非現代民主法治國家所應為。

且，很多都是枉死，使秋後算帳等同剷除異己；使公開捕殺與祕密捕殺，同樣的後遺症無窮。

公開捕殺的案例甚多，僅舉代表性的十八件案例，亦列出其年籍、最高學歷、重要工作職務等基本資料，以為證明其如何菁英。並一一找出：何日、被何單位、人員逮捕、殺害等情形，來找出真相、統計分析出真相來。計：

㈠軍人部分：二十一師與高雄要塞司令部。十三件案例：

⑴陳復志；⑵陳澄波；⑶柯麟；⑷潘木枝；⑸郭章垣；⑹張七郎；⑺許錫謙；⑻許秋粽；⑼黃賜；⑽王石定；⑾林界；⑿涂光明；⒀蕭朝金

㈡憲兵部分：共三件案例

⒁蘇憲章；⒂盧炳欽；⒃葉秋木

㈢警察部分：共二件案件

⒄黃媽典；⒅湯德章

壹、陳復志

陳復志，一九一一—一九四七，三十六歲，嘉義人，在日本讀高中後，赴大陸就讀黃埔軍校第八期工兵科畢，歷任排、連長職，戰後回台，擔任中校參謀，後轉三青團嘉義分團主任，二二八時被推選為處委會主委。

三月十一日陳氏以處委會主委身份，代表嘉義市民，共八人前往水上機場與守軍談判，目的在和平解決，以減少市民傷亡。惟一抵達機場即被扣留，除邱鴛鴦、劉傳來、王鐘麟三人當天放回，林文樹一人數日後以錢贖回外，其餘四人陳復志、柯麟、陳澄波、潘木枝均先後遭槍決。

陳氏的槍決是三月十八日單獨一人，遊行市街後，在嘉義火車站前廣場，公開槍決，槍決後並曝屍廣場示眾。

陳氏的槍決，是嘉義火車站前廣場，三批槍決的第一批，且單獨一人槍決，在時間上是三月十八日，剛好是十七日國防部長白崇禧公布宣字第一號「國防部布告」的第二天。這份國防部布告，是宣示代表中央寬大為懷精神（見附件一），想不到第二天起，就違反寬大精神，連續槍決，且曝屍廣場示眾，其殘忍、霸道、非人性，到了令人不敢想像的地步。

包括陳氏在內的嘉義火車站前廣場的三批槍決，在當時確實震懾人心，達到百姓驚怕的效果，時至今日，還令嘉雲地區民眾心有餘悸。另兩批是：

第二批：三月二十三日十一人，盧鎰、蘇憲章、施珠文、陳容貌、陳陣、林登科、陳庚辛、吳溪水、黃水樹、蔡金爝及薛皆得。

第三批：三月二十五日四人，陳澄波、柯麟、潘木枝及盧炳欽。此四人均嘉義市參議員，陳澄波且是國際知名畫家。

此外，在雲嘉南地區也陸續有報復性的秋後算帳的槍決，如：

1. 虎尾：中央噴水池另槍決十多人，虎尾高中前槍決十多人。
2. 西螺：西螺大橋頭槍決林啟點一人。
3. 北港：北港溪旁先後槍決三批，一批余炳金、王天富等六人，一批林金城一人。另一批在北港舊溪堤防槍決葉啟

照片六九　陳復志

城一人。

4.新港：新港公墓槍決許錦芳等六人，天主教教堂前槍決黃清鄰、蔡南男二人。

5.梅山：帝爺廟前槍決四人，市場前槍決一人，五分車站槍決許三貴一人。

6.新營：大圓環槍決黃媽典一人。

不僅雲嘉南地區，全省各地多有發生秋後槍決事件，惟以雲嘉南地區最多最利害。這是有原因的，因為這個地區的民軍聯隊，與國軍作戰最久，尤其水上機場攻防戰，傷亡極為慘重。因之，有必要介紹嘉義的戰況：

日本領台之後，一九〇八年完成南北縱貫鐵路，嘉義火車站因之形同嘉義地區的出入口。一九〇六年，完成林野調查，台灣總督府撥款建造阿里山鐵路，開發阿里山森林。一九三〇年，嘉義街升格為市，人口五萬八千人，嘉義市已成南部重鎮。

一九四七年三月二日下午三時，從彰化、台中南下的年輕人數十人，來到嘉義火車站和中央噴水池之間，當街演講，呼籲市民加入抗爭行列。嘉義市民受此影響，相聚奮起，包圍嘉義市長孫志俊官舍和嘉義警察局，隨之爆發嘉義地區的二二八事件。也因此，孫志俊於一九四七年四月呈報陳儀的報告，稱之為「嘉義三二事變報告書」。（台灣省警備總司令部檔案：綏靖執行及處理報告）

三月三日，嘉義市民召開市民大會，成立「嘉義市三二事件處理委員會」，後改名為「嘉義市二二八事件處理委員會」。

同日，在孫志俊的要求下，駐守嘉義市東門町的第二十一師獨立團第一營羅迪光營長率兵進入市區鎮壓，與市民發生衝突。經由廣播得知消息趕來嘉義支援的群眾，開始攻擊憲兵營、紅毛埤第十九軍械庫、水上機場和東門町軍營。晚上九時，民眾接收市政府。

四日，孫志俊和憲兵隊退至嘉義中學山仔頂羅營長營地。羅迪光自山仔頂砲轟市區，市民死傷甚多。二二八處理委員會隨即與羅迪光會商，要求軍隊繳械，退出市區，雙方會談未果。不久，羅迪光部隊漸漸退往紅毛埤，孫志俊也與憲兵隊、羅營士兵、部分外省籍公教人員，退至水上機場。

五日，三民主義青年團書記盧炳欽打電話請阿里山鄒族原住民下山，協助維持市內治安。嘉義群眾與來援的台中隊、斗六隊、竹山隊、新營隊、鹽水隊等三千餘人，聯合發動向紅毛埤軍械庫和水上機場的總攻擊，佔領水源地和發電廠。中午，民軍與機場守軍激戰，民軍傷亡三百多人。民眾並斷絕水上機場水電。

六日，羅迪光在陳漢平少將陪同下，至二二八處理委員會與陳復志等會商。隨後劉傳能則赴機場洽商，請孫志俊於八日至市區會談。

七日，阿里山鄒族原住民在湯守仁率領下加入戰鬥行列。民軍攻擊紅毛埤火藥庫。羅營部隊先破壞彈藥，焚毀倉庫，退至水上機場，途中遇南靖糖廠職員護送崔姓外省警察及另一名外省人前往嘉義，軍人公然槍殺四名糖廠職員於崎仔頭，另外又拘捕兩名台灣人，並帶至水上機場殺害，部隊沿途還俘虜十餘人。另一方面，民方則照約定恢復供應機場自來水，劉傳能帶食米、蔬菜、豬肉前去機場慰勞。當天機場首次得到台北方面的空運彈藥。

八日，孫志俊與二二八處理委員會談判，處委會提出軍警繳械的和談條件，孫志俊拒絕，談判破裂。當天機場又得到台北第二次空運彈藥，武器稍見充足，孫志俊與軍隊本擬衝出機場，攻入市區。因勢力仍單薄，繼續等待援軍。

九日，水上機場接到台北第三次彈藥補給。嘉女校長杜宇飛搭機赴台北，向陳儀報告嘉義事件及處理經過。機場軍隊再度衝入機場附近的劉厝庄，劫掠屠殺，在庄內槍殺兩名男子。此外，一名男子中彈受傷，十名男子被帶往機場旁殺害。

十日，二二八處理委員會向軍隊提出和談七條件。孫志俊、羅迪光獲情報得知，六日彭孟緝已清剿鎮壓高雄，八日中國援軍已登陸基隆之事，至此完全不予理會二二八處理委員會。原住民部隊知悉事情將談判解決，深夜撤回山上。

十一日，二二八處理委員會為了減少嘉義地區的傷亡，企圖做最後的努力，派出和平談判代表陳復志、陳澄波、潘木枝、柯麟、林文樹、邱鴛鴦、劉傳來、王鐘麟等八人。除邱鴛鴦、劉傳來、王鐘麟當天放回，林文樹數日後以錢贖回外，其餘談判代表被扣留、槍決。

十二日，陸軍二十一師四三六團一個營空運到達水上機場，南部防衛司令派出的軍隊抵達嘉義。

十二日，下午羅迪光攻入市區，並拘留市府前歡迎軍隊的台灣人士，且劫掠財物。

十三日，陸軍二十一師一四六旅四三六團副團長彭時雨率軍進入市區。孫志俊回市府，向市民廣播，要求區鄰里長檢舉二二八事件相關人士，並加強搜捕、槍殺的行動。（張炎憲，嘉義驛前二二八，頁一—五）

貳、陳澄波

陳澄波，一八九五—一九四七，五十二歲，嘉義人，國語學校師範科、東京美術學校畢及同校研究科兩年，作品「嘉義街外」入選第七屆帝國美展，為第一位入選帝展的台灣人，擔任上海新華美術學校教授兼主任、上海藝苑研究所教授。戰後，出任歡迎國民政府籌備會副主席、市參議員。

三月十一日，因他會說國語，被推為代表，進入水上機場談判，被扣押，二十五日第三批被槍決於火車站前廣場。其罪名，在扣押時是：「以參議員名義任作戰本部偽職，參加暴動」；在判死刑時是：「參與此次暴動之主謀者」。執行槍決是「奉台灣省警備總司令部電，就地正法，由本市指揮所執行」。

詳情請參閱：壹、陳復志案例。

照片七十　陳澄波

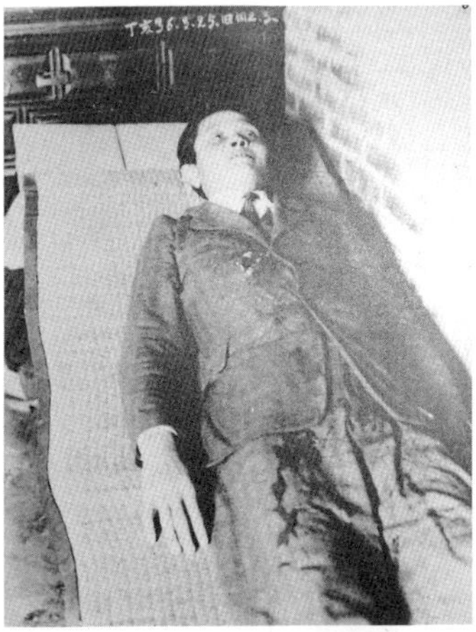

照片七一　陳澄波遺體

參、柯麟

柯麟，一八九五—一九四七，五十二歲，嘉義人，工業學校畢，開設碾米廠、糖廍、慶昇戲院，擔任市參議員，嘉義二二八處委會委員。

其遇害原因，依軍統局台灣站長林頂立的「台灣二二八事件報告書」，記載有：三月二日嘉義波及，民眾「在各十字路口實行圍毆外省人，焚劫各機關首長官舍……陳復志、柯麟、潘木枝、陳澄波、林文樹即煽惑群眾，搗劫市長官舍，攻陷警局。」以上五人均遇害。（檔案彙編㈥，頁五九）

三月十一日代表市民到水上機場談判，被扣押，二十五日在嘉義火車站前廣場第三批被槍決。（嘉義驛前二二八，頁一四八）

詳情請參閱：壹、陳復志案例。

肆、潘木枝

潘木枝，一九〇二—一九四七，四十五歲，嘉義人，東京醫專畢，開業向生醫院，擔任市參議

照片七二　柯麟

照片七三　潘木枝

會副議長，嘉中家長會長。

三月十一日到水上機場談判，被扣押，二十五日由水上機場移警察局拘留。二十五日上午六時，與盧炳欽、柯麟、陳澄波共四名參議員，被五花大綁，背上插一支三角板，白紙上寫「姓名」及「反叛政府」字樣，罪狀並貼在火車站牆壁上供人閱讀，遊街後在嘉義火車站前廣場公開槍決，並曝屍示眾。其殘忍、霸道、非人性為全台之冠。（文獻輯錄，頁四一四；嘉義驛前二二八，頁二一四）

詳情請參閱：壹、陳復志案例。

伍、郭章垣（共七人）

郭章垣，一九一四—一九四七，三十三歲，嘉義溪口人，慶應大學醫科畢，擔任宜蘭醫院院長，宜蘭處委會主委。（文獻輯錄，頁三七一）

三月十七日半夜十二點，大約五、六個軍人一律穿軍服持著槍，撞破醫院宿舍門將他帶走，二十日凌晨共七人集體被槍殺於頭城媽祖廟前。（台北南港二二八，頁九五）

另六人是：蘇耀邦（宜蘭農校代理校長、處委會總

照片七四　郭章垣

照片七五　蘇耀邦

務組委員）、葉風鼓（保安組組長）、林蔡齡（銀行課長）、呂金發（警員）、賴阿塗（警員）、曾朝宜。（研究報告，頁三三三）

戰後美援麵粉、奶粉分配到醫院，宜蘭市長朱正宗常來私要，郭氏曾對朱拍桌發怒，得罪朱市長，郭氏遇害可能與此有關。遺書：「生離祖國，死歸祖國，死生天命，無想無念。」

蘇耀邦因曾參與調查市公所財務狀況，得罪市長朱正宗，遇害亦與此有關。（二二八紀念館資料）

有關郭、蘇兩人的遇害原因，依國家安全局情報稱（二二八事件檔案彙編(二)，頁一四四）：四日「下午召開各界代表開會，由蘇耀邦為主席，組織處理委員會，推宜蘭醫院院長郭章垣為主任委員……並決議……(一)肅清貪污，(二)各機關首長應引咎自動辭職，(三)軍隊及政府機關禁止武裝，(四)為保持安寧，外省同胞應集中，受青年監視保護。」

五日上午宜蘭處委會成立，號召青年組織保安隊，沿街遊行示威，高唱日本軍歌，在宜蘭機場接收長槍五百支，短槍百餘支，在警察局收繳槍械，將外省人悉數集中。

以上種種，成為秋後算帳的原因所在。

陸、張七郎

張七郎，一八八八—一九四七，五十九歲，新竹人，台北醫學校畢，開設仁壽醫院於花蓮縣鳳林鎮，擔任制憲國大代表、花蓮縣參議會議長。

照片七六　張七郎

照片七七　張宗仁

照片七八　張果仁

四月四日夜十一時，張七郎與長子張宗仁（三十一歲，醫師，鳳林中學校長）、三子張果仁（二十五歲，醫師）共三人，被二十一師獨立團軍人逮捕，槍殺於郊外鳳林公墓。

另據一份民國三十六年四月十五日署名「鳳林區全體區民」寫給台灣省參議會的信稱：張七郎「是夜被鳳林區警察所長陳清炎等率員警前往渠家扣門拘捕，並暗殺張七郎等人，據聞陳所長，是奉花蓮警察局長王啟豐命執行。」（檔案彙編(九)，頁六五三）

原因，據國家安全局情報稱（檔案彙編(二)，頁一四〇）：「市民為應陳長官電令，推選候補縣長，由馬有岳主持召開代表會，選張七郎、馬有岳、賴耿松送長官圈定，當時即有士紳李炎等反對，惟馬、張野心竊取政權，及勾結高山代表支持，以遂其慾。查張七郎係國大代表，平時排外，素有野心。惟賴係法院推事，公正得人心。」

這是張氏父子三人被捕殺的主要原因，另一項原因為，張七郎得罪現任縣長張文成，遂被捏造成：「叛背黨國、組織暗殺團」等罪名，交由軍人予以捕殺。

張氏父子三人合葬一墓，墓碑書「張七郎宗仁果仁父子遇難之墓」「民國三十六年四月四日夜屈死」，左聯：「兩個小兒為伴侶」，右聯：「滿腔熱血灑郊原」。看之無不令人鼻酸。

由捕殺時間為四月四日來看，是所有捕殺、報復行動的最後一批，是屬於秋後算帳、剷除異己的典型例子。

請參閱十四章：壹、封官案及伍、暗殺團案。

照片七九　張七郎三人墓

柒、許錫謙

許錫謙，一九一五—一九四七，三十二歲，花蓮人，經營木材公司，擔任三青團花東分團總幹事兼第四股股長、東台日報編輯、花蓮處委會委員，負責指揮一切治安事宜。

許氏事變後，避走台北，三月二十七日被誘騙無事返回，途中被軍隊槍殺於宜蘭縣南方澳斷崖下。

原因有二：㈠依國家安全局情報稱（檔案彙編㈡，頁一四〇）：「花蓮港青年分團許錫謙、土劣鄭根井召開大會，評擊政府云：祖國為貓仔國，煽動反抗，解除國軍武器，當場選許，及……馬有岳為代表，赴台北請願，並成立地方處委會。」

又稱（同書，頁一三五）：「處理委員會於六日下午三時召開第二次會議，由許錫謙主席，決議為……㈡治安方面由許錫謙負責指揮；㈢推派許錫謙、林明勇、林秀卿等向本縣廣播報告治安情形與交涉經過。」

㈡依閩台監察使楊亮功報告稱：「暴徒……組織白虎隊、暗殺團、青年大同盟，以許錫謙為陸空軍總司令，接收糧食局、郵電局等機關。」

許氏被誘殺，時間是清鄉期的三月二十七日，也是秋後算帳、剷除異己的典型例子。

詳情請參閱十四章：伍、暗殺團案。

捌、許秋粽

許秋粽，一九〇〇——一九四七，四十七歲，澎湖人，警察學校畢，經營報關行，擔任高雄市參議員。（商會選出者）

照片八十　許錫謙

照片八一　許秋粽

三月六日下午兩點多，在高雄市政府大禮堂有數百名民眾在等候市長議長上山談判的消息，忽聞槍聲，許氏與乃子許國雄醫師二人，跑到市政府防空洞前，頭部中彈死亡，許國雄被壓在下面且裝死，逃過一劫，後來擔任國大代表。據其口述稱：

「當時我爬起來環顧市政府四周，看到最少有二、三百具屍體，走出市政府，被押到網球場的路上，軍隊仍不停地開槍射擊，鹽埕區附近住戶，每戶人家都被掃射，軍隊有如不長眼睛，見到行人就射殺。由此推算，二二八當時高雄市的死亡人數，包括市政府、火車站及雄中附近絕不止一千餘名而已。」（文獻輯錄，頁四三七）

詳閱七章三月六日，高雄大屠殺情形。

玖、黃賜

黃賜，一八九二—一九四七，五十五歲，高雄市人，台北工業學校機械科畢，創設工友鐵工廠，與人合資鳳梨工廠。擔任高雄市參議員（工會選出者）、二二八處委會高雄分會宣傳組長。

三月六日下午二時許，在市政府大禮堂門口為高雄要塞司令部軍人開槍射殺，眉心中兩槍死亡，三天後才

照片八二　黃賜

准收屍，草草下葬。自此家道中衰，箇中煎熬、苦痛及痛心處，不足為外人道。（文獻輯錄，頁四四二）

詳閱七章三月六日，高雄大屠殺情形。

拾、王石定

王石定，一九一三—一九四七，三四歲，高雄人，有十多艘拖網魚船，擔任高雄市漁業協會理事長、市參議員（代表漁業界）。

三月六日在市政府開會後，等待市長等談判代表的消息，下午二點多為彭孟緝的軍隊槍殺於市府前，彈孔及刺刀傷口達十二處之多，身上財物被搶一空。

王氏在事件中曾勸阻船員們的反政府行動，不料卻為軍人槍殺，實是枉死。

王氏遇害有一份資料可為佐證：據中油高儲油所民國三十六年三月二十七日報告：「高雄漁會會長王石定先生，於此次二二八事件中，因身屬參議員，於本月六日被召會議，於市政府歸途中，誤被擊斃，王先生博學多才，熱心公益，今以身殉職，至堪惋惜，擬酌具賻儀以表悼意，是否有當。」中油台灣營業所的批示是：「誤被擊斃，擬致送賻儀一節，自屬可行，仰即以本所名義致送花圈一具，以表哀悼，價款可由該所備用金下開支。」（檔案彙編(六)，頁一五八、一五九）

照片八三　王石定

由於二二八受難者，死後下葬，大多淒涼，親友多避之不及，王氏有公家單位中油公司送花圈，是特例，也是證其枉死，也反證三月六日高雄大屠殺的不當。特此一述。

詳情，請參閱七章三月六日高雄大屠殺。

王石定的高雄王家，與王育麟、王育德的台南王家，同為望族，也是世交，王石定與王育德同是才子、好友，惺惺相惜，兩家同時遭難，實造化弄人，對王育德往後一生，有相當影響。（參閱十五章：貳拾、王育德與台獨運動）

拾壹、林界

林界，一九一〇——一九四七，三十七歲，高雄市人，自學，新生報印刷廠廠長，連雅（今苓雅）區長。

三月六日與市長黃仲圖、議長彭清靠、涂光明、曾豐明、范滄溶、林建論、李佛續等人上山談判，被扣押。據戶籍資料記載：於三月二十三日為高雄要塞司令部槍決而死。妻胡錦華民四十四年仰藥自殺，留下二女，實是不幸。（文獻輯錄，頁四四三、四四九）

另一說，上山七人中無林界其人，林界係因連雅區內事變中有士兵死一、兩人，他擔任區長而受牽連。

又依警總資料，三月十四日警總批准高雄要塞司令部文

照片八四　林界

稱：「林界等數名首要准予權宜槍決」，三月二十一日被槍決後，要塞司令部二十三日行文向警總報備稱：林界「聚集流氓，非法組織保安隊，劫奪焚殺，擾亂治安，提出不法條件，脅迫繳械」，依危害民國緊急治罪法第一條第二、五各款，處死刑。警總二十八日准予報備而結案。

依警總以上資料，林界應是三月六日上午上山向彭孟緝「提出不法條件，脅迫繳械」的七人代表之一，如此，則同姓林的副議長林建論應不是代表，才能找到答案。

在高雄市，被處決者有：涂光明、范滄溶、曾豐明、鄭泰山、顏益、林界、陳顯光、呂見利、呂見發、蘇進長。（研究報告，頁三一七、三三六）

另依國家安全局檔案（檔案彙編(九)，頁二三一）：六日進入談判的是九人，而非七人，林界（林澄增）包含在九人內，則就找到答案了。詳細資料，請參閱下一節第十二案例：涂光明。

拾貳、涂光明（三人）

照片八五　涂光明

涂光明，一九一四—一九四七，三十三歲，戰前曾赴上海經商，戰後返台，定居高雄，擔任高雄市政府日產清查室主任。

涂氏三月六日上午九時，與市長黃仲圖、議長彭清靠、副議長林建論（或苓雅區長林界）、電力公司經理李佛續（外省人）、曾豐明（無線電技師）及范滄溶（牙醫師）共七人，到高雄要塞司令部找司令彭孟緝「和談」，當場七人被扣押。

下午二點多彭孟緝即揮軍直下高雄市，開槍掃射市政府、火車站、雄一中後，放回市長、議長、副議長及電力公司經理四人，繼續扣押涂光明、曾豐明、范滄溶三人，當晚並電報給陳儀，要求「三人請准從權就地正法」。八日警總回電：「三暴徒准就地正法示眾」。（文獻續錄，頁六○三、六○五）有一種說法是七日三人已提前被槍決。

照片八六　涂光明手槍

照片八七　曾豐明

照片八八　范滄溶

惟三人屍體何在？法院審判紀錄何在？至今不明，使其後人不服。（文獻補錄，頁一一）其中是否有不可告知的內情？我們來看後存的兩個人，彭孟緝與李佛續，有不同的說法：

李佛續口述稱：

「值要塞司令部派來一部卡車，我乃應市長之邀一齊上山見彭孟緝司令，同車者另有彭清靠、涂光明等人搭車上山。大家抵達司令部，即魚貫進入客廳就座，市長與彭司令比肩而坐，相談甚詳，眾人眼光多望向居中的彭司令，突然有軍人高喊『有刺客』、『有槍』，這時，坐在彭司令對面的涂光明等被一擁而上的士兵逮捕，拖到室外，士兵高喊『槍斃他』，大罵『竟然帶槍要打彭司令』等語，接著士兵湧進客廳向眾代表喝斥『不要動』，並且一一搜身，所幸在座無人帶有槍械，

大家對此突如其來的場面都嚇壞了。記得彭司令迅即離開客廳，而所有代表則都呆若木雞留滯客廳。」（文獻輯錄，頁四三三）

再看彭孟緝的說法：

「三月六日上午九時，暴徒涂光明、范滄溶、曾豐明，脅迫高雄市長黃仲圖、議長彭清靠、副議長林建論、電力公司經理李佛續等共七人，以代表身份，來要塞談判，涂光明持槍威脅本人繳械投降，危言恐嚇，知難善了，當時被部屬將暴徒拘禁（其中另有二人胸前各掛二顆手榴彈）。」（文獻輯錄，頁四三〇。）

涂光明是否暴徒？是否持槍？是否威脅彭繳械投降？另曾豐明（二十四歲）、范滄溶（二十八歲），是否攜帶手榴彈？一直是事件中不解的問題。

請看彭孟緝的回憶錄：（文獻續錄，頁五九八起）

「三月五日午後二時，暴徒涂光明、范滄溶、曾豐明等，以涂光明為首領，脅迫高雄市長黃仲圖、議長彭清靠、副議長林建論、電力公司經理李佛續等，同來壽山司令部找我商談『和平辦法』。他們要求我『無條件』撤去守兵。地方治安和社會秩序，由所謂『學生軍』來負責維持，一派胡言，態度狂妄。

我明知和他們商談，不會獲致任何結果，但因為我正在暗中加緊準備，決定在七日拂曉開始全面行動，為了保守機密，乃故意虛與敷衍遷延，表示可以考慮他們所提出的要求，要他們回去再徵求大家意見，進一步商討具體可行的妥善辦法，相約於次日再來司令部共同商談。

在聽過他們那種目無國家，荒謬無理的非法要求之後，益使我堅定非用武力不足平定叛亂的信念。於是，在所謂『和平代表』離去以後，更加連夜細心策劃行動計畫，次日並由參謀長率領各部隊長偵察地形。

三月六日上午九時，以涂光明為首的所謂『和平代表團』，分乘兩部轎車，插大白旗，駛入我司令部。我當在會客室接待，表示十分的禮貌。這間會客室有十六席大，中間放一張小圓桌，四周圍以單人沙發。我即獨自同他們繞桌而坐，只有副官劉安德少校一人站在我的身旁。

涂等首先提出他們業已擬好的『和平條款』九條要我接受。條文的內容如下：

一、壽山—即要塞司令部駐地、左營、陸橋以及市內各處軍隊，即須全部停戰撤退。

二、病院—即第一〇五後方醫院，今日由本會—二二八事件處委員會高雄分會—接收，但院中病人由本會負責治療，除軍隊—二十一師獨立團三營七連—隨身武器外，由本會負責保管。

三、五塊厝倉庫—台灣南部最大軍械倉庫—一切物品、藥品交本會接收，但軍火由本會負責保管。

四、市民一切死傷，應照台北市辦法，負責賠償。但連絡員應予特優撫恤。（這一句不解，判係暴徒組織的某連絡員被軍隊誤殺。）對開槍兵士，尤須處以極刑。

五、治安未恢復前，所有外省人不得下山，但所需蔬菜、油、鹽由本會供給。

六、高雄市以外軍隊，一概不准侵入市內。

七、被捕民眾，即刻交本會帶回。

八、雙方如有不法行為，軍民共同嚴辦。

九、此次事件關係人員，事後不得追究。

這種彷彿出自戰勝者口吻的條件，我看完了以後，就怒不可遏的光起火來：『豈有此理，這簡直是造反！』銜口而出，就在這俄頃之間，涂光明已探手脅下，拔出手槍企圖向我射擊；副官劉少校眼明手快，自後撲向涂匪死力抱住。室外官兵聽到了聲音，登時一湧而入，將暴徒一一逮捕。涂是日據時期放逐廈門有名的浪人頭子，據說手槍射擊技術是指雀打雀、指雞打雞的。此番我幾乎遭其毒手。這一支他企圖行刺未遂的手槍，至今還被我保存著，視為平生一個最值得紀念的紀念品。

我既將暴徒首要涂光明等予逮捕，這就說明政府與叛亂組織之間，已經攤牌，消極戒備局面被打破，軍事行動勢非立即開始不可。於是預定於七日拂曉實施行動計畫，提前十四小時來執行。」

由彭自己的回憶錄內容，我們發現，涂等七人上山，共有兩次，一次是六日，一次是五日。原來在五日時，彭孟緝已決定七日要攻打高雄市，為爭取準備的時間，要他們六日再來，而六日來的座車，依據李佛續的說法是彭派去接他們上山的一部卡車，連接的座車都安排了，上山後的種種，應該彭孟緝也都會安排好好的才對，彭氏是不準備談的，先扣人以及下山攻打才是他的計畫。彭孟緝身邊有一支手槍，說是幾十年來保存著做紀念品，更是令人不敢相信，如有這支槍，應該是犯罪證物要呈堂的，怎能私留當紀念品呢，我們還算是法治國家嗎？（槍身號碼一三七三四三號，手槍執照為憲兵司令部鑑槍字第二一五號，照片八十六）

另據國家安全局檔案（檔案彙編(九)，頁二三一），當時任職高雄市的南部諜報組長蔡蘭枝口述稱：

「當時策動此一事件的負責人是涂光明……事件發生後，他即以『自治聯軍』首領自居，迅速組成四個大隊，攻陷一切軍警單位，並打算用消防車從左營煉油廠灌裝汽油，企圖『火攻要塞』，當我知道他的計畫後，為了保護要塞，便運用林權民說服涂某，暫時不要硬拼，先與要塞談判，要他們無條件投降，若談判不成，再用火攻，亦為時不遲。涂某聽從了林權民的勸告，便脅迫當時的高雄市長黃仲圖、議長彭清靠、區長林澄增（林界）、電力公司經理李佛續等人（我記得連涂某一共是九人，其他人的名字我忘了），一同持白旗進入了要塞，要求談判。當時九人中只有涂某帶著一把手槍和二個手榴彈，其用意表示他有武力，另一方面，是怕其他八人中途逃脫。當時要塞司令是彭孟緝將軍……把九個人統統扣押，更以涂某攜帶武器、公然叛亂，當場予以格殺。」

這是對涂光明之死的另一種說法。而進入要塞的時間共兩次，五日下午二時，及六日上午九時。在進入要塞人數上，五日是七人，可以確定。至於六日是九人，不是七人，包括連雅區長林界（澄增）在內。（請參閱上一案例林界）

請參閱七章三月六日，高雄大屠殺情形。

拾參、蕭朝金

蕭朝金，一九〇八—一九四七，三十九歲，彰化社頭人，台南神學院畢，岡山教會牧師，三青團岡山地區負責人。

三月十日士兵在家中將他帶走，三月十七日早上七時許，被二輛軍車二十多名荷槍實彈士兵載到大岡山平交道前，推下車開槍射殺死亡，同時有二人被槍決。原因是二二八事件爆發，青年團團員佔領岡山教會，當作根據地，有人誣告說這些年輕人是他煽動的，還有一些年輕人被抓以後說，他是三青團團長。

他頭腦好，口才好，是家族中最優秀的，在岡山教會深得人和，教友眾多，大家都尊敬他，他的慘死，是台灣如何失去那一代菁英份子的一個縮影。（文獻輯錄，頁四五二）

拾肆、蘇憲章

蘇憲章，一九〇三—一九四七，四十四歲，嘉義人，台北師範畢，新生報嘉義分社主任。

三月十四日（週五）下午四時，四個穿得很整齊的憲兵到蘇家，對他說：「局長（警察局長）請你過去」，去後即被收押，二十三日共十一人，遊行市街後，在嘉義火車站前廣場，由軍警就地正法處決，曝屍廣場，十一人是：蘇憲章、盧鎰、施珠文、林登科、黃水樹、吳溪水、陳容貌、陳陳、蔡金爝、陳庚辛、薛皆得。

照片八九　蕭朝金

照片九十　蘇憲章

嘉義火車站前廣場的槍決共有三次，這是第二次，人數十一人最多，第一次只一人陳復志，是三月十八日；第三次有四人潘木枝、柯麟、盧炳欽、陳澄波，是三月二十五日。三次共處決十六人，都在同一個月份，同一個地點；處決前，先遊街示眾，處死後，曝屍廣場，不准家屬立即收屍，其悲慘狀況，至今仍影響人心。

其罪跡，依國家安全局「正法及死亡人犯名冊」稱（檔案彙編(二)，頁三六八）：「任作戰部宣傳部長」。

詳情請參閱：壹、陳復志案例。

拾伍、盧炳欽

盧炳欽，一九一二—一九四七，三十五歲，嘉義人，日本京北齒科畢，開業牙醫，擔任市參議員，三青團嘉義分團書記。

三月十三日國軍進入嘉義市區，去接國軍，想救回水上機場被扣押的市參議員，當場被憲兵隊長李士榮捉去關在憲兵隊。二十五日第三批被公開槍決在火車站前，共四人計：盧炳欽、陳澄波、潘木枝、柯麟。（嘉義驛前二二八，頁三四一）

詳情請參閱：壹、陳復志案例。

照片九一　盧炳欽

拾陸、葉秋木

葉秋木，一九〇七—一九四七，四十歲，屏東人，日本中央大學肄業，屏東市參議會副議長，三青團屏東分團幹部。

三月九日下午，自國大代表陳文石宅返家途中，被憲兵攔截帶走，十二日槍決，背插長形牌，用紅字寫著：「暴動首魁葉秋木」，遊行全市示眾，在圓環邊三角公園槍決。翌日才通知可以收屍。一個月後從議會轉到一張無罪判決書，署名屏東地方法院。

被殺原因為，六日下午民眾佔領全市機關，憲兵隊含官吏眷屬等撤至屏東機場，市長龔履端亦逃走，在無人施政狀況下，被推為臨時市長，這是台灣同胞第一次自選的市長。（文獻輯錄，頁四五四，其女葉餘香口述；研究報告，頁三二七）

請參閱十四章：壹、封官案。

拾柒、黃媽典

黃媽典，一八九四—一九四七，五十三歲，嘉義朴子人，台北醫學校畢，開業醫師，曾任朴子鎮長，擔任

照片九二　葉秋木

照片九三　黃媽典

嘉義客運董事長，台南縣參議員。

三月二十二日被警察逮捕，先關在朴子分局，遭受刑求，後移送高雄南部綏靖區司令部審理，三月二十四（農三月二日）中午移回台南縣政府所在地新營，遊行後在大圓環槍決示眾。

原因為：依國家安全局情報稱：（檔案彙編(二)，頁一三）

「事件發生，黃等於三月三日上午二時，即糾合暴徒，劫取該區警察所武器，並佔領當地政府機關。黃媽典又於八日在新營參議會席上，宣布台南縣長袁國欽應撤職，當場並選黃為縣長。今雖事定，黃等尚逍遙法外，查黃有親信幹部四十餘人，海南島歸來退伍軍人八十餘人，任張炳南、黃嘉定為隊長，統率其他流氓不下數百人，故對該鎮三黃，即黃媽典、黃錫鏞、黃慎言等，不加究辦，恐遺禍將來。」

其中最大原因為，三月八日被選為台南縣長候選人。

請參閱十四章：壹、封官案。

另據黃錫鏞之高院無罪判決書稱（檔案彙編(三)，頁四三六）：「三月二日波及台南縣東石區地方時，叛國主犯黃媽典乘機叛亂，組織所謂二二八事件處理委員會，自任主席，指揮暴徒，非法監禁外省同胞，襲擊嘉義國軍等。」這些也是黃媽典被羅織的罪狀。

拾捌、湯德章

湯德章，一九〇五—一九四七，四十二歲，父日本人，母台南新化人，原名板井德章，父死，改母姓為湯德章。日本大學法科畢，通過高文司法科考試，在台南市執業律師，擔任台南市人權保障委員會主委、二二八處委會台南分會治安組長。

三月十一日上午在參議會被警方逮捕，十三日上午受審，判死刑，遊街後槍決於今民生綠園，不准家屬收屍。台南市民同聲喊冤。其被判罪名為：據市長卓高煊報告為率領兩百餘名學生去包圍警局，使局長陳懷讓因而受困，並奪去警察保安隊的武器彈藥等。（研究報告，頁三二五）

其實湯德章被捕殺的最大原因，是被選為台南市長候選人。此點據其子湯聰模口述稱：（文獻續錄，頁七〇五）

照片九四　湯德章

「全島各地的『二二八事件處理委員會』共同提出縣市長民選要求，省行政長官陳儀，乃於三月七日通知各縣市參議會：對於各縣市長，若人民認為不稱職者，可由該會或會同其他合法團體，共同推舉三名人選，呈報行政長官公署圈定。台南市於三月八日由市參議員、區里長、人民團體代表、學生代表等聚集於參議會選舉市長，經投票結果家父獲選為第三高票，然而在三天之後，國軍第二十一師由高雄進駐台南市，家父沒有被圈選為市長，卻反而被拘捕，三月十三日被槍決。」

請參閱十四章：壹、封官案。

十四　剷除異己

二二八事件中引出不少案中案，案中真假，在抽絲剝繭之下，分析及歸納之下，真相就大白了，如：

㈠封官案：內有十個案例（十九人遇害）
㈡新華民國案
㈢迎婦產科案（八人遇害）
㈣員林事件案
㈤暗殺團案
㈥手槍六百支案

由前四案，可歸納出台灣菁英被捕殺的真正原因所在，由後二案，可看出捕殺手段——密捕密裁的不法不當，整個事件的核心真相——剷除異己，也就大明大白了。

壹、封官案

一、第一件案例

據黃紀男見證稱，在三月五日，或六日，他到處委會，聽到黃朝琴對處委會委員說：「奉陳儀令，你們既然要自治，你們想當何種官職，請列出名單。」於是處委會草擬一份名單，據其記憶所及，其中有數位：高等法院院長吳鴻麒、財政處長陳炘、台大校長林茂生、衛生處長施江南、專賣局長林旭屏……等等。（研究報告，頁二八四）

這五人均遇害。（詳見十二章：拾、拾貳、拾參、拾肆、貳拾等五人案例）

二、第二件案例

林桂端是律師。據民國三十六年五月二十二日警總通緝文，林桂端律師參加處委會，曾提議接收法院，脅迫趕辦移交，並自任首席檢察官。惟林氏早已在十日為憲兵逮捕，從此失蹤。（詳見十二章：伍、林桂端案例）

三、第三件案例

王添灯因揭發十五萬噸白糖及七十公斤鴉片弊案，轟動內外，議長黃朝琴去看他說：「長官

（陳儀）希望物色一個台籍的能幹企業家，擔任台灣紡織公司的董事長，許多人希望你出來。」王哈哈大笑：「如果因為我批評了政府，政府就請我去當什麼董事長，那麼台灣人民將怎樣看待我呢？」

王氏三月十一日晨六時被憲兵捉去，張慕陶團長問王添灯：「你這個野心家，想當台北市長……」王答：「我從來就沒有想過要當台北市長，但是如果台灣人民要我當台北市長，我就當……」張暴跳如雷：「好！就讓你到陰間去當台北市長吧！」命令衛兵往王身上潑汽油，點火把他燒死。（蘇新，未歸的台共鬥魂，頁一一二、一一二五；詳見十二章：壹、王添灯案）

四、第四件案例

屏東市參議會副議長葉秋木，三月六日下午被推選為臨時市長，新刻市長圖印意圖當市長，九日被捕，十二日處決示眾。（詳見十三章：拾陸、葉秋木案例）

五、第五件案例

台南市律師湯德章，八日被選為市長候選人第三名，十一日被國軍逮捕，十三日被判死刑，遊街後槍決示眾。（詳見十三章：拾捌、湯德章案例）

六、第六件案例

台南縣參議員黃媽典，八日被台南縣參議會選為台南縣長候選人，三月二十二日被警察逮捕，三月二十四日，被槍決於新營大圓環，示眾。（詳見十三章：拾柒、黃媽典案例）

七、第七件案例

制憲國大代表及花蓮縣參議會議長張七郎醫師，被選為花蓮縣長候選人，四月四日夜與二子張宗仁醫師、張果仁醫師，共三人，被逮捕後，槍殺於鳳林鎮郊外公墓。被認為「野心竊取政權」。

（詳見十三章：陸、張七郎案例）

八、第八件案例

新生報為當時台灣第一大報，官營，事變時，被指為擬成立接收委員會，擬改組為民主報，以阮朝日為社長、吳金鍊為副社長，於一日及八日分別召開祕密會議等等，三月十二日阮、吳兩人均被逮捕，從此失蹤。（詳見十二章：捌、玖、阮吳案例；檔案彙編㈠，頁二九二）

九、第九件案例

蔣渭川對憲兵團長張慕陶詢問：「長官（陳儀）很懇切要請你出來做教育處長。」答以：「我已再三聲明了，對政治地位絕無野心慾求。」三月十日蔣宅被五位帶槍警察闖入，四女蔣巧雲被槍傷不治死亡，蔣氏脫逃倖免於難。（詳見十五章：柒、蔣渭川案例）

十、第十件案例

民國三十六年三月十三日陳儀呈報蔣主席的「辦理人犯姓名調查表」，共二十人名單中有三人涉及封官，一人是林連宗，罪跡欄第二點為：「強力接收台灣高等法院第一分院，並自任院長」。另二人是李瑞漢與李瑞峰兄弟，罪跡欄只有一點：「陰謀叛亂首要並強迫接收法院」。以上三人三月十日被憲兵在李宅一同押走，從此失蹤。（詳見十二章：貳、林連宗；參、李瑞漢；肆、李瑞峰案例）

綜上十案例，涉及的人名及官位，列如后：

(1)王添灯：台北市長
(2)陳炘：財政處長
(3)施江南：衛生處長
(4)林旭屏：專賣局長
(5)林茂生：台大校長
(6)阮朝日：新生報社長
(7)吳金鍊：新生報副社長
(8)蔣渭川：教育處長
(9)吳鴻麒：高等法院院長
(10)林連宗：高等法院第一分院長
(11)林桂端：首席檢察官
(12)李瑞漢、李瑞峰：接收法院
(13)黃媽典：台南縣長
(14)湯德章：台南市長

⒂葉秋木：屏東市長　⒃張七郎：花蓮縣長

以上十個案例，只是縮影，戰後台灣人不被信任，決策職務均為中國人佔有，又貪贓枉法，事件就是這樣引起的，官位被中國人視為第一重要，台灣人想佔官位當然被列為清除對象，不管真假有無，只要列名，即被捕殺。

本節這麼辛苦的來找出這些資料，加以歸納，找出一個共同點，即官位問題，涉及此官位問題的共有十個案例，十九條人命，而這些都是菁英中的菁英，問題的核心就在這裡了，他們在搶中國人的官位、威脅到中國人的地位與前途，被認為有「野心竊取政權」，自然為首要捕殺對象。

由此，我們發現，捕殺台灣的菁英，其最主要的目的是「剷除異己」，而涉及官位者，被視為最大的異己、剷除的對象。而剷除異己的罪名是由劊子手任意加上去的。

事情歸納起來，結論非常簡單，人事上的權力鬥爭，這本中外古老戲碼，就在台灣的二二八事件中上演起來了。用人性來看二二八，才能找出真相來。（詳十六章）

貳、新華民國案

「新華民國」或「興華共和國」在二二八資料中分別出現，分述如后：

㈠據史學家林衡道在《二二八事變前後的回憶》中說：延平「學院成立半年多以後，二二八事變發生，有一兩位教書的先生率領學生去參加外面的活動。支援的軍隊進入台北後，清查學校，發現校內存有許多『興華共和國』的旗幟，學校馬上被查封。根據當時人的說法，這些旗子是故意栽

贓的，不知道真假如何？」當時林氏在該學院兼課教三民主義。（文獻輯錄，頁五六五）

㈡依民國三十六年三月十三日陳儀呈報蔣主席的「辦理人犯姓名調查表」，在共二十人名單中有兩人的罪跡欄，列上「新華民國」名稱，其一是王添灯罪跡第四點：「密組偽新華民國政府」，其二是黃朝生罪跡第三點：「陰謀組織偽新華民國政府」。（表十二）

此點賴澤涵在《二二八事件研究報告》（頁二七四）中指出：

「至於官方所指之成立『新華民國』，未見有任何實據，當時處委會有人呼喊要設新的中華民國，也許由此被訛為『新華民國』，甚或被有心人栽誣。

據省黨部主任委員李翼中回憶錄，整編二十一師抵台後，陳儀大舉報復，受其禍者不下數萬人，且忽有『所謂新華民國之醞釀，林獻堂、黃朝琴、黃國書、丘念台、游彌堅、蔣渭川等所有知名之士，無不廁身其間，分任要職，道路流傳，杯弓蛇影，於是賢與不賢皆惴惴圖自保，無敢仰首伸眉，論列是非者矣。』可見『新華民國』等當是杜撰的，而當時之見證人亦證明此點。」

再說，台灣人要成立新政府或新國家，依慣例絕不會採用「新華民國」或「興華共和國」這類大中國主義的名稱，如像「台灣民主國」或「台灣共和國」之類，還有人相信，足見這種杜撰實在太離譜了。

參、迎婦產科案

迎婦產科，為日本人開設，位於今台北市中山北路麗晶飯店旁邊，是當時最著名的婦產科醫院，民國三十五年間發生一件轟動的醫療官司，起因於一位高級軍人的妻子，在該醫院生產，動手術時因麻醉藥與體質不合而死亡，該軍人身份極高，一說為七十軍參謀長，一說為基隆要塞司令史宏熹，一案告到法院，該醫院的主治日籍醫師，因此被控拘捕入獄，李瑞峰為被告律師，四方醫院院長施江南出面作證，說錯不在醫師，並由徐春卿以人權自由保障委員身份，聯合黃朝生、陳屋、李瑞漢、李仁貴等人出面保釋醫師，經法院推事吳鴻麒判決無罪開釋，醫院勝訴不須負賠償責任。

事後軍官仍透過其律師劉旺才向迎婦產科表達不滿，要求賠償，但被拒絕，軍官因此怪罪協助的人。二二八事件中，以上與此案有關的人員共八人，全部遇害。計李瑞峰（醫院律師）、施江南（作證醫師）、吳鴻麒（審判推事）、徐春卿、黃朝生、陳屋、李瑞漢、李仁貴（以上均保釋人）等八人，此八人的家屬在口述中均表達遇害與此案關係。（見台北南港二二八，頁一一六、二二九、三〇四；研究報告，頁二七五）

肆、員林事件案

高等法院推事吳鴻麒遇害，據其妻楊毛治口述稱「導因於員林事件」（台北南港二二八，頁五六）。

蓋員林事件起因於一九四五年，一名黑道出身的鹿港警察所刑事組長巫重力（彰化溪湖人）因故對鹿港名醫施江西動武，遭施江西提出自訴，控告巫重力傷害。台中地方法院屢傳巫重力不到，乃決定拘提巫重力到案。當時巫重力已調到位於員林的台中縣警察局。一九四五年十一月十一日，法警五、六名到員林的台中縣警察局，向局長江嵐出示拘票，要求交出巫重力。江局長將前來拘提的法院法警安頓於警局二樓禮堂「休息」，一面則暗示該局督察長陳傳芳悄悄打電話通知北斗警察所長林世民，謊稱總局二樓禮堂有「強盜」進入，命令他們即刻帶保安隊前來救援。林世民果然率員來到員林總局二樓，將禮堂燈光關熄，並下令向「強盜」開槍，頓時哀號四起。三人中槍倒地。這個荒唐的事件，的確給向來習於法治的台灣住民極大的震撼，當時各報曾經喧騰一時，輿論強烈譴責。（解讀二二八，頁八〇；研究報告，頁二九八）

案經一審判刑後，林世民不服，上訴到高等法院，由吳鴻麒推事承辦，一九四六年十二月，審案過程中，台北市警察局長陳松堅運用各種管道與方法，壓迫吳氏放人，吳氏不為所動，仍判五年徒刑，致得罪陳氏，藉機報復。為此，監委丘念台、國代黃國書曾報告國防最高委員會委員劉文島，劉氏在一九四七年四月七日的常務會議上稱：吳氏因得罪台北市警察局長而被押到郊外殺了。（研究報告，頁二九七；國防最高委員會議，第二二六次常務會議紀錄，頁二一三—二一四）

伍、暗殺團案

暗殺團在二二八事件中，是否存在？那麼多台灣知識份子與社會菁英被捕被殺或失蹤，是否與暗殺團有關？

我們先看當時的政府怎麼說，依警總檔案稱：（其他，頁六五）

「民國三十六年六月間，警備司令部彭孟緝司令向蔣主席報告稱，有情報顯示『台北市區有不良份子組暗殺團，專以殺害軍官、外省人及靠山（台灣人任政府官吏恃勢凌人者）為對象，並已開始行動，南港橋下八命案或係該團所為』。」

這是顛倒是非，欺騙中央，因為：

另依警總副參謀長范誦堯口述稱（文獻補錄，頁一一七）：「由憲兵成立特高組及林頂立成立特別行動隊，全面逮捕首要份子（包括台灣菁英）。」憲兵的特高組全名叫特別高級行動組，軍統局台灣站長林頂立的特別行動隊，簡稱為「別動隊」，這兩個單位，都是民間所說的「暗殺團」之一。

有關「別動隊」，行政院《二二八事件研究報告》頁二二〇指稱：

「九日凌晨，憲兵共五個連自基隆抵台北。晨六時，陳儀依計畫宣布台北戒嚴，隨後通令全省『搜捕奸暴』；並特設『別動隊』，以林頂立為隊長，陳逸松為參謀長，劉明、李清波為副隊長，張克敏、高欽北、周達鵬為大隊長，執行任務。陳逸松、劉明二人在處委會頗活躍，何以會出任『別動隊』職務，擔任逮捕工作？此事頗有蹊蹺。惜乎資料不全，而二人事後並未清楚交代此事。更特別的是，二人稱三月八日至十七日間，亦被通緝而逃匿。『別動隊』官員竟變成通緝犯，顯然其中必隱藏不為人所知或難以告人的祕密。據聞，有人問陳氏，陳氏答稱，不知有被任命為參謀長之事。由於陳、劉二人與蔣渭川曾有衝突，而蔣氏在綏靖時一女喪命，本人亦幾乎遇害，可知此事頗不單純。另外，周達鵬之出任大隊長亦奇事。據悉，周氏乃一流氓，二月二十八日之請願隊，由其擔任大鼓手，領導群眾，如今搖身一變，竟成為情治人員。總之，『別動隊』份子頗雜，一些濫捕、亂殺事例可能由此而生。」

別動隊下設有「忠義服務隊」，隊長許德輝，據廖德雄口述稱：

「三月九日、十日、十一日的逮捕行動，幾乎是忠義服務隊人馬帶頭去逮捕的。也就是說……林頂立奉柯遠芬的命令，要許德輝去捉人，林頂立自己沒有太多人馬……捉人大多靠許德輝手下的流氓，流氓穿著制服，後面跟著憲兵，事後我們才明白，忠義服務總隊是林頂立一線下來的計畫。」（台北都會二二八，頁九三）

林衡道在事件時也逃亡，躲避在某君家幾十天，一直到新任省主席魏道明來台才回家，據其描述稱：（文獻輯錄，頁五六三）

「第二天，某君來接我出門。出門後看到大正街（今長安東路）那邊有很多士兵，不知發生什麼事，我心裡有點擔心。這時正下著雨，某君就招了一輛手車（人力車），車上的布簾正好可以把我遮蔽起來。某君的手臂上帶著『行動隊』的臂章，他人跟在手車後面，好似押著一個人犯。沿路無事，順利抵達農安街某君家。」

這「行動隊」就是「特別行動隊」簡稱「別動隊」，是由官方控制的便衣「暗殺團」之一。以上是台北的「暗殺團」情形，在台北以外的花蓮縣也有捏造「暗殺團」的例子，舉張七郎父子三人案及許錫謙案如后：

一、張七郎父子三人案

張氏父子均為醫師，七郎為花蓮縣參議會議長、制憲國大代表，事件期間臥病在家；長子宗仁、三子果仁為鳳林仁壽醫院開業醫師，宗仁另兼鳳林初中校長，並未參加事件之活動。僅在鳳林區處委會幹部中，形式上張七郎被列名主任委員、張宗仁被列名委員。四月一日第二十一師獨立團第二營第五連連長董志成、指導員盧先林率部隊進駐鳳林，四日下午，全連接受宗仁等地方士紳宴請。該夜，七郎及次子依仁在山下自宅被士兵圍捕，宗仁、果仁在仁壽醫院內被帶走；夜十一時餘，七郎等三人遭槍殺於鳳林公墓，草草挖兩坑掩埋；依仁因身帶國軍軍醫證件，逃過一劫，轉送花蓮監獄，是年七月初獲釋。

遺屬曾向有關當局呈遞訴冤狀，僅台灣高等法院檢察處於民國三十六年八月五日函覆，略謂：「經本處函請陸軍整編第二十一師司令部查復去後，茲准快郵代電，略以張七郎、張宗仁、張果仁等叛背黨國，組織暗殺團，拒捕擊斃。」惟經查訪結果，花東地區受訪者眾口一詞為該父子三人喊

冤，並建議政府宜還其清白。（研究報告，頁三三四）

可知張氏父子決無組織「暗殺團」一事，其被害是另有原因的，據其家屬葉蘊玉口述稱：（文獻輯錄，頁五九三）

「婆婆告訴我們說：『你們公公冤死的因素有三：一、在花蓮縣參議會議長任內，對於縣預算數字不符曾力加除斥；二、常因縣政與鳳林初中校務，以直言諫阻；三、二二八事件中被選為縣長候選人，有此三大原因，故縣長張文成視為眼中釘，遂捏造事實，假手國軍殺害。』」

二、花蓮市許錫謙案

許氏係三青團花東分團總幹事兼第四股股長，擔任《東台日報》、《青年週刊》及《青年報》編輯，經營木材公司。花蓮處委會成立後相當活躍，負責指揮一切治安事宜。事件期間，對花蓮市秩序和治安的維護，頗為盡力，處委會宣布解散時，曾議決對其主持之治安部表示敬意，並贈台幣若干，以示慰勞。綏靖期間，被列入黑名單，雖暫時到台北躲避，但縣長及情治人員騙稱其可無事返回花蓮，並慫恿其叔父電催其返家。未料於返花途中三月二十七日被軍隊槍殺於南方澳附近。楊亮功的報告指稱：「暴徒……組織白虎隊、暗殺團、青年大同盟，以許錫謙為陸空軍總司令，接收糧食局、郵電局等機關。」家屬曾對該指控提出反駁，表示楊氏所指許氏之罪名「完全是亂講的，許錫謙在二二八事件時，既沒有鬧事，也沒有犯法，他是被冤枉的」。花蓮縣受訪者中亦有多人為其叫屈。

民國三十六年十二月，花蓮縣省參議員馬有岳曾在省參議會會議上，針對張、許等人之遇害向省主席魏道明提出質詢，略謂：「花蓮縣選出國民大會代表張七郎父子三人及三民主義青年團幹事許錫謙被人殺死，尚未解決，一般民眾議論紛紛，請主席飭有關人員查明死因，公布以釋群疑。」惟迄今仍係懸案。（研究報告，頁三三四；文獻補錄，頁六一六）

由台北及花蓮的例子，可知在二二八事件時，確實有所謂「暗殺團」存在的，這暗殺團不管是何名稱、由何單位掌控，都是非法的，我們由第十二、十三章的三十九個血淋淋案例得知，眾多的台灣一時的菁英、高階知識份子及無辜民眾，很多都死得不明不白，失蹤得不明不白，他們很多都是被這個所謂「暗殺團」，以不法手段「密捕密裁」了。

我們時至今日，可以很清楚的看出來，當時的政府不以合法程序來公開審理，非要用不法手段以密捕密裁的暗殺團手法，理由很簡單，他們在「剷除異己」，而這些異己不是沒有罪行，就是即使有罪也罪不及死，而他們一意要異己死，是怕異己「野心竊取政權」，道理是這麼簡明。

陸、手槍六百支案

國軍整編二十一師參謀長江崇林口述稱：（文獻輯錄，頁六〇七）

「民國三十六年三月五日……奉國民政府主席　蔣公於電話中指示：『師長劉雨卿即刻來京聆

訓，何時到達，何時請見。』由此可以研判二二八事件業已引起台灣情勢之緊張。

劉師長經稍事安排，即搭乘快車進京，三月六日晨立即晉謁 蔣公，當蒙面授機宜……並發給手槍六百支，當日運滬（上海）交部隊承領。（註七日由上海出發，九日午後抵基隆）

師長劉雨卿中將旋於三月七日，由南京搭美齡號專機……飛抵台北松山機場……即往公署晉見陳儀長官，面呈國府主席 蔣公訓示。」

如第十一章所述，劉雨卿七日來台後，陳儀態度有一百八十度轉變，當與蔣主席的「面授機宜」有關。

而所發的「手槍六百支」，由其部隊承領也是隨其部隊來台，做什麼用呢？照理，部隊原來是有槍的，但大多是長槍，部隊交戰是用步槍、機關槍等長槍的。因之，這六百支手槍來台引起我們的聯想。

由於事變中發生台灣菁英及知識份子大量被捕殺情形，公開槍決的，當然是用長槍，如最震撼的嘉義火車站前廣場，在同一地點三個日期三批槍決共十六人案（計一人、十一人、四人）；祕密暗殺的，是用長槍或短槍，要詳細比對傷口或找出子彈頭才能知曉，我們不幸也找到一個案例，它是最令人震驚的「台北南港橋下八屍命案」。

該八屍中，五屍有家屬認領，即：

㈠吳鴻麒：四十八歲，台灣高等法院推事。

㈡林旭屏：四十三歲，公賣局煙草課長。

㈡鄭聰：四十六歲，台北市華美醫院醫師兼專賣局松山煙草廠專員。

㈣周淵過：二十六歲，豆干商。

㈤林定枝：三十三歲。

另三屍年紀分別約二十、三十四、四十多歲，無人認領。

八屍中有吳鴻麒、林旭屏及周淵過三人，依下列證據顯示是近距離用手槍開槍的。因是同案，可推定全案八人均是手槍槍殺的。請看案情：

三月十五日半夜，住在南港橋邊的鄰長（姓蘇），聽到卡車駛過又停下來的聲音，車停以後，他又聽到陣陣哭聲，然後有人用台灣話的三字經在罵「到這時還哭，哭什麼」，接下來聽到砰的一聲槍響，停了二十幾分鐘，又有一陣一陣的槍聲。天亮，他才敢出面探看，看到橋下八具屍體。其中：

吳鴻麒屍體十七日運回家宅後，請醫生驗屍時因水腫，只找到出槍孔，找不到入槍孔。家屬不甘心，三年一千日後，再開棺撿骨，骨頭上的傷痕看得一清二楚，是貼著右邊後腦骨直接開槍的，然後穿越腦袋，從左邊頭骨出來。（台北南港二二八，頁四三，吳妻楊毛治口述）

林旭屏屍體亦為，頭部中彈，子彈由前額進去，後腦出來，身體被五花大綁，十七日運回火化，匆匆埋葬在士林公墓。（同書，頁九五，其女林慧珠口述；研究報告，頁二九八）

周淵過屍體，在南港橋下埋了七年，七年間每年三月家屬都去掃墓，七年後撿骨，埋葬在觀音

山畔，撿骨時才發現頭骨破了一個洞，右邊太陽穴有個彈孔。（同書，頁三七，其弟周塗生口述）

以上吳鴻麒、林旭屏、周淵過三人之屍骨，經家屬這麼細心的查驗，經過三年、七年的撿骨重新查驗，家屬對他們的遇害，是多麼的不甘心，對為何遇害、如何遇害的真相，是多麼渴望瞭解。

由以上案情，我們研判是近距離手槍射殺的，是被暗殺團不正當的密捕密裁的，我們把它與蔣主席發手槍六百支給二十一師師長劉雨卿帶來台灣一事，相連起來研究，更使整個二二八事件，在剷除異己，捕殺台灣菁英、高階知識份子及無辜百姓上，得到較完整的答案。

第四篇　尾聲

十五 劫後餘生（走二二八）

最後，我們要追蹤二二八事件後，還有哪些菁英留下來，他們如何逃過此劫，其過程如何？此後的發展又如何？這工作對台灣史也是有意義的。

一般而論，在國軍登台初期，先跑且走得開的，後來大都存活下來，如謝雪紅等左派人員，如蔣渭川等右派人員，如曾璧中等外省人員……等等，真正參與二二八的人，知道利害，懂得先跑、先溜。反而，一些台灣菁英，如王添灯等，樂觀的以為，了不起被捉被關被審，或自認清白沒犯什麼罪，因此不願逃，就在家裡、在辦公地一個一個被捕殺。他們在日治時，曾參加各種抗爭慣了，最後都沒事，以為國民黨也會是一樣；他們錯了，當時的國軍，是軍閥，殺人是不眨眼的，寧可錯殺一百，也不放過一人。

在此，我們要說，沒跑得開的，實在是枉死；劫後餘生者，無損其為人。

劫後餘生者的走避躲藏過程，在台灣民間百姓間，流傳一句傳神的話，叫做「走二二八」（「走」台語是跑步的「跑」之意，而非走路的走，走路的走，台語叫「行」）。「走二二八」非常恐怖，有在國內走的，有走到海外、走到大陸的，有走數月、走數年，也有走一輩子的。更有牽連妻小、父母、親人及相關人員的，影響層面非常深、非常廣，只有身履其境的人最能體會。

特介紹代表性的劫後餘生者（走二二八者）如后：

1. 辜振甫與草山事件
2. 林宗賢與板橋林家
3. 林衡道與台灣史話
4. 林獻堂與霧峰林家
5. 顏欽賢與基隆顏家
6. 李友邦與三青團
7. 蔣渭川與政治建設協會
8. 鄧進益與大明報
9. 李曉芳與嘉義大槍決
10. 郭國基與五龍一鳳
11. 李萬居與公論報
12. 謝雪紅與台盟
13. 陳篡地與武裝民兵
14. 郭琇琮與學生聯隊
15. 蘇新與憤怒的台灣
16. 楊逵與送報伕
17. 吳濁流與台灣文學
18. 杜聰明與台灣醫學
19. 曾壁中與外省人
20. 王育德與台獨運動
21、林頂立與忠義服務隊

壹、辜振甫與草山事件

辜振甫，一九一七—二〇〇五，八十八歲，鹿港人，台灣大學畢，先後擔任台泥董事長、和信集團負責人、海基會董事長、國民黨中常委等職。父辜顯榮為日治時名人，辜氏虎父虎子，青出於藍。

戰後，一九四五年八月十六日，也就是日本投降的第二天，發生「台灣獨立事件」，又稱「草山事件」。緣於日本年輕軍官如陸軍中校中官悟郎，陸軍少校牧沂義夫等人，心有未甘，認為日軍留台尚有完整的十九萬多人，含陸軍十二萬八千人、海軍六萬二千多人，武器裝備有槍十三萬支、飛機九百架、船艦五二五艘，及數十萬份南進倉存軍品，如能結合台灣人一起發動，大有可為。因此日軍官提「玉碎台灣島」態度，結合過去與日當局關係密切的台籍人士辜振甫、許丙、林熊祥、簡朗山、徐坤泉等人，擬定「台灣自治草案」，內定辜為總務部長，許為顧問，林任副委員長，委員長由林獻堂掛名，並擬定成立「自治協會」，由日本人主持。

照片九五　辜振甫

照片九六　辜顯榮

八月十六、十七日中官悟郎與辜振甫兩度會商獨立自治事宜，許丙、林熊祥也同意參加。可是此祕密策動的計畫終被總督安藤利吉獲悉，於八月二十四日接見這些台籍人士，並發表談話，籲全台民眾慎戒輕舉妄動，絕不可有獨立運動或自治運動的意向。從此不再有排拒中國接收台灣的動作。

一九四六年二月二十一日陳儀下令逮捕事件人員十餘人，包括辜振甫、許丙、林熊祥、簡朗山、徐坤泉、陳炘等，林獻堂原也在名單內，提早一天透過關係疏通及丘念台力保才無事。而陳炘一個月後被釋放，反而在二二八時遇難。（見十二章：貳拾、陳炘案例）

二二八時辜等五人尚在獄中未判，事件後的一九四七年七月二十九日才宣判，反而逃過一劫，而判決結果是：「辜振甫共同陰謀竊據國土，處有期徒刑二年二月，許丙、林熊祥共同陰謀竊據國土，各處有期徒刑一年十月，簡朗山、徐坤泉無罪」，且有罪三人均判緩刑釋放。辜為何判最重呢？據羅萬俥稱：「台灣人之言陰謀獨立自治者，以辜振甫最厲害，許丙次之，林熊祥又次之。」在審判過程中，辜振甫曾堅決使用台語發音，令在場旁聽的親友大為驚訝，何以有此膽量！

辜振甫事後因禍得福，因林熊祥關係，娶其外甥女顏倬雲為妻，顏為嚴復外孫女，名門之後，自此辜氏青雲直上，接掌台泥，蒙蔣介石召見，當上中常委、海基會董事長，集富貴榮華於一身。

其實辜振甫之成功，不全靠父蔭，而是自己聰慧異人及刻苦用功所致，就如他自己所言：「長輩喜歡我，朋友幫助我，員工和我充分合作，我常心懷感激。不過，其實我是很用功的，只是大家不太清楚罷了，就像鴨子行在水面，大家只看到牠前進，卻不知道牠的雙腳在水面下，拚命划動。」這就是辜振甫「鴨子哲學」的奧祕。

有關辜振甫受蔣介石召見厚愛，緣於其父辜顯榮與蔣介石在「閩變」的關係。閩變發生在一九三三年十一月至翌年元月，是廣東部隊第十九路軍在福建背叛中央，成立「中華共和國人民革命政府」，且與台灣日軍有連繫；時蔣介石全力坐鎮南昌剿共，不容背後有叛徒，便派李澤一祕密到台，經辜顯榮協助，使日軍答應不幫助閩變，終使閩變很快結束。辜立了大功，於一九三五年訪問中國晉見了蔣介石。這件事蔣介石在召見辜振甫時，還特別提起，辜蔣兩家自然親密有加。

特再介紹草山事件的另兩人：林熊祥與許丙。

林熊祥，一八九五—一九七三，七十八歲，板橋人，東京學習院高等科畢，愛好文史，著作有《台灣史略》等書，為板橋林家第五代，娶陳寶琛（宣統太傅）女為妻，子林衡道為台灣名史學家。

許丙，為林家管家，惟亦自創事業，擔任日本貴族院議員，子許惠敏為名金融家，孫許博允在藝文界享有名氣。

板橋林家，人才輩出，除上述二人外，在二二八事件中，仍有林宗賢被判刑，以及林衡道潛逃，分述如貳、參。

貳、林宗賢與板橋林家

林宗賢，一九一五年生，東京帝國大學法學士，板橋林家第五代，曾任首屆板橋市長，時任國民參政員、二二八處委會委員，被選為向美國領事館說明事件經過代表之一。三月五日林宗賢廣播稱：「現電力公司已接收竣事，所有工作人員均由本省擔任」等情。（檔案彙編(六)，頁三四）

事件中被捕，經過是：一九四七年二月一日創辦《中外日報》，該報有左派記者周傳枝、編輯蘇新、周夢江

照片九七　林宗賢與國民參政員合影

等人，三月九日國軍登陸被查封，上列三人逃到大陸，林宗賢躲避後自首，被判刑十年，後花錢，以因病保外就醫，其過程曲折，據《二二八事件研究報告》稱：（頁二九三）

「國民參政員林宗賢事變後亦躲避，根據警總資料，林宗賢在四月十日自行投案，以『內亂』罪名起訴。審訊後，依『共同意圖以非法方法顛覆政府而著手實行』罪名，判處『有期徒刑十年，褫奪公權十年』。但據林夫人香雪之呈文，林宗賢係事先取得參謀長柯遠芬之諒解方投案的。呈文稱，林氏在四月八日，求見柯遠芬，解說其所作所為，柯氏命其寫自白書。四月十日，林氏具自白書至警總親交柯氏，但柯氏卻命副官將他送往軍法處受審。林夫人香雪乃於六月間向國防部呈訴請求恩釋，國防部批交台灣警備司令部辦理。楊亮功也指稱柯遠芬『違法殺人作惡』與勒索百姓，如林宗賢即被迫寫悔過書而勒索巨款。七月二十三、二十四日，警備司令部分別致電蔣主席與國防部，內稱林宗賢案已審判終結，因其患病，准予交保醫治。此案乃草草了結。」

林氏因為涉及此案，往後政壇發展諸多不順，尤以一九六九年增額立委選舉時，林氏有意以其學經歷及家族勢力，放手一試，惟登記後受到當局以此案為由表示關心，最後不得不以健康為由退出，時年僅五十四歲，從此以台泥為據點，從事工商活動，退出其熱愛的政治活動。（台灣五大家族，頁六八）

國民參政員八席，計：林宗賢、林獻堂、林茂生、杜聰明、羅萬俥、吳鴻森、陳逸松及林忠。

（見十二章：拾參、林茂生案）

參、林衡道與台灣史話

林衡道，一九一五—一九九七，八十二歲，日本東北帝大，省文獻會主委，板橋林家第六代，父林熊祥，外祖陳寶琛（宣統皇帝的太傅），家學淵源，為台灣史蹟權威，舉凡台灣人物掌故、歷史建築，無不如數家珍，娓娓道來。著作有《台灣歷史與民俗》、《台灣開拓史話》、《台灣寺廟大全》等書。二二八時任職糧食局，亦涉案逃避，其經過依其自述稱：（文獻輯錄，頁五六二）

「三月初某日，我去我們家族公司看看情形。下午四點左右，陳朝乾帶著幾個壯漢來，說台北市鬧米荒，處理委員會希望商家捐米，藉以穩定人心，並說我們林家比較有錢，多少總該捐一點。我說沒有可以捐。陳朝乾說，米以後再說，先填個數目沒關係。我被迫在捐米簿上寫二萬斤後，他們才離開。

幾天後，某君來找我，告訴我說，他們的機關已掌握台北市捐米者名單，裡面有我的名字；還說我填二萬斤太多了。他又說他要幫助我，是為我好，不會害我，要我放心。最後，他要我考慮考慮，說他還會來看我。某君留下他的住址後就離開了。

照片九八　林衡道

當天我立刻到省黨部找主任委員李翼中，他不在，去找宣傳處處長林紫貴。林紫貴曾在陳果夫擔任江蘇省主席時當過科長。我向林紫貴表白，我一向是站在黨和國家的立場，疏通政府和民間，如果連我都有問題，那全台灣的人都有問題。他說不只我，連他林紫貴自己都快不保了。他又提到老蘇（省黨部調查處處長蘇泰楷）也被抓進去了（不久後才被釋放），他和徐白光都自危，叫我先避風頭再說。林紫貴還透露這是陳儀藉機叫情治機關打擊C.C.派。

回家以後，某君又來找我，說他家很安全，要我去他家暫避。

第二天，某君來接我出門。出門後看到大正街（今長安東路）那邊有很多士兵，不知發生什麼事，我心裡有點擔心。這時正下著雨，某君就招了一輛手車（人力車），車上的布簾正好可以把我遮蔽起來。某君的手臂上帶著『行動隊』的臂章，他人跟在手車後面，好似押著一個人犯。沿路無事，順利抵達農安街某君家。

我在某君家前後住了好幾十天等到外頭比較平靜以後，我又去一趟省黨部，見到林紫貴和徐白光兩人。我問說我現在回家要不要緊？他們說既然避了這麼久，索性等新任主席魏道明來了以後再回家吧！並且說，到了那時候也要叫蔣渭川回來。原來當時官方要抓蔣渭川，省黨部掩護他，叫他化裝成農民，住在天母幫人割稻。並由台北市黨部書記楊鑫茲為連絡人，兩天就去和蔣渭川連絡一次以便讓他安心。由蔣渭川的例子，可知派系鬥爭之介入二二八事變，並非三言兩語可以講清楚的。

直到新任省府主席魏道明來台，我才回家。」

肆、林獻堂與霧峰林家

林獻堂，一八八一——一九五六，六十五歲，台中縣人，學習漢學（師何趨庭）、經書和歷史（師白煥甫），並與梁啟超交往，學習中西思想，建立台灣民族運動領導者地位。曾擔任霧峰區長、台灣製麻株式會社董事。戰後，擔任國民參政員、省參議員等職。

二二八事件時，林氏在台中領導處委會穩健派，與謝雪紅對抗，並領導地方士紳歡迎國軍進入台中市，尤其因救護時任財政處長的嚴家淦有功，而逃過一劫，且事後嚴氏步步高升到省主席、行政院長、副總統、總統等職，對林氏及其後代，感恩而照顧有加。這段歷史很重要，簡述如后：

「嚴家淦財政處長何以到台中，主要是因彰化商業銀行三月一日上午八時要在台中彰銀總行舉行成立典禮，而二月二十八日則先召開股東大會及第一屆董事會。董事會結束後嚴家淦、司機、王科長前往日月潭遊覽，翌日想回台北時，因公路不通

照片一〇〇　霧峰林家

照片九九　林獻堂

無法回台北，乃到霧峰林家求援。嚴家淦之所以和林家相熟，主要是彰化銀行的改組問題時時與林獻堂有接觸，而林瑞騰長子林少聰與嚴家淦是上海聖約翰大學同學有關。嚴家淦是陳儀的親信，當時被稱做『四兇』之一，同嚴到日月潭的除了上述三人外，還有市長黃克立及其他外省籍人士。

嚴家淦等人到林家求助時林獻堂並不在家，三月二日當日早上要開市民大會，而台中也有縣市（台中縣、台中市、彰化市）人民團體聯席會議的召開，料想是日林獻堂前往參與，因而不在家。林獻堂夫人楊水心女士予以收留，由於家中傭人洩露林家來了幾個阿山，於是霧峰附近的流氓及看熱鬧的群眾約二千多人，將景薰樓建築組群團團圍住，要求交出阿山，並將嚴家淦的福特高級轎車推倒、敲打，與嚴同來的幾個外省人（包括市長黃克立）見狀，乃在林家的安排下由後門逃往後山，嚴家淦等人則安排在建築組群的二進倉庫與小客廳，小客廳旁則為林雲龍臥室，靠正廳的護龍則為林獻堂及夫人的臥室。

由於流氓威脅林家再不交出阿山就要放火，林夫人乃請林階堂出面勸服，林雲龍因當過霧峰庄長也出面調解，於是包圍者分成兩派，一派主張息事寧人，一派主張放火。林階堂在戰後初期與其兄林獻堂為了保護治安曾以錢化解拿手榴彈、刀槍挨家挨戶搶錢的霧峰民生會的成員，頗有威望，由他出面乃產生一定的效果。流氓包圍林家的另一原因是流氓們認為林獻堂兄弟為了蔣介石主席來台，和台灣士紳集資修建介壽館（即原台灣總督府），卻不救濟有燃眉之急的鄉親，實有拍馬屁之嫌，經林階堂、林雲龍的勸解下才離去。

在嚴躲在林家期間，林獻堂設法要與陳儀聯繫，告知嚴的去向，以免產生誤會。六日彰化銀行總經理與陳維南等來林家，帶走嚴家淦寫給陳儀的信。

嚴等既得與陳儀聯繫，且知三月九日援軍早已至台，更是歸心似箭，決定冒險回台北，林獻堂乃與三子林雲龍伴同三人到台中彰化銀行，林前往委員會打探得知一切尚未平靜，乃勸嚴等暫住林猶龍在台中的宿舍，翌日再待一天。三月十一日嚴等更難等待，林獻堂乃設法打聽，盡力協助。但火車自三月九日起每日自台中到台北的只有一、兩班，而嚴之汽車又被借走，雇客車又沒人敢應募，只好雇用貨車。並決定翌日將嚴家淦送至桃園，再由台北派人到桃園接人。

三月十二日早上六時，貨車出發，駕駛旁坐嚴家淦、林猶龍，後面則坐林瑞池、陳維南、王科長及嚴的司機，一路沿海線北往。

嚴家淦平安回台北後即令柯汶河電致林獻堂速往台北見陳儀，林遂在十四日北上，而在十五日見到陳儀。」（節錄自許雪姬，二二八事件中的林獻堂，頁二五）

林氏一九四七年五月十六日被任命為省府委員，一九四八年六月十日接掌新成立的台灣省通志館館長，同年彰化銀行改組，被選為董事長。惟一九四九年九月突然搭機赴日，名義上是「養病」，實為自我放逐，原因不尋常，一九五六年九月病逝東京。一位台灣首號民族主義者及社會運動家，長達七年離境出走，晚年孤寂客死異鄉，是對當局無言的抗議，也是身為台灣人莫大的悲哀。

林氏對台灣的熱愛，由其留下的一首詩可為代表：

歸白何日苦難禁　高論方知用意深
底事弟兄相殺戮　可憐家國付浮沉
解愁尚有金湯酒　欲和難追白雪吟
民族自強曾努力　廿年風雨負初心

伍、顏欽賢與基隆顏家

顏欽賢，一九〇一—一九八七，八十六歲，基隆顏家第六代代表人物，擔任台陽煤炭公司董事長及掌理該家族相關企業，擔任國大代表、省參議員及二二八處委會委員。

二二八事件顏欽賢被列為「判亂要犯」，遭通緝，罪名是：㈠二二八處委會委員；㈡主持組織煤礦忠義服務隊反抗政府。事件後即逃亡，亦有一說是事件中被捕，被台北市警察局長陳松堅偷偷叫人在晚間帶到郊外放走，事後辦理自新。其經過據林衡道稱：（文獻輯錄，頁五六三）

「有一天我因為住某君家覺得無聊，想去北投洗個澡。我由圓山火車站坐淡水線火車去北投。火車一開動，發現對面座位有位先生用手向我示意打招呼。這位先生身材不高，頭戴斗笠，用帽沿遮住眼睛，經仔細一看，原來是台陽礦業公司的顏欽賢董事長。他的姐夫周碧坐在他後面，周碧曾當過北投鎮長。我問顏欽賢董事長要去哪裡，他說他每天換地方住，今天要住周碧家。顏欽賢原為國民黨員，周碧為民社黨員。後來因為民社黨的謝漢儒帶顏去自新，免掉罪嫌，顏遂改加入民社

照片一〇一　顏欽賢

黨。謝漢儒原為憲兵隊線民，曾任省參議會議員。以後顏欽賢想再加入國民黨，有人加以反對。李翼中主委支持他，幫他說話，說他所以加入民社黨，就像關羽身在曹營，心懷漢室。顏欽賢終於又回到國民黨這邊。顏老經過事變時的出生入死，變得很有膽識。有一次，一位冒牌憲兵向他勒索，被他識破之後，嚇得跪地求情。」

顏欽賢事後專心於礦業，草鞋一穿，進出礦坑，贏得同業尊敬。基隆顏家涉案另有顏滄海及陳逸松等人。

顏滄海亦為第六代傑出人物，慶應大學法學部畢，擔任台陽公司常務理事等職。三月十一日被第十二汽車廠警衛隊所捕，罪名是叛亂嫌疑，後經自新後准予交保開釋，原因為雖附和參加暴動反抗政府，但非主動份子。顏滄海事業雖有成有敗，但不失為有學問的煤礦業領導人物。

陳逸松，一九〇七生，東京帝國大學法學部畢，通過高文司法科考試，取得律師資格，開業律師，為顏家乘龍快婿。擔任三青團幹部，二二八事件中身份曖昧，首先在處委會活動，國軍登陸後，又擔任軍統林頂立「別動隊」的參謀長，從事逮捕工作。更特別的是三月八至十七日間行動交待不清，自稱被通緝而逃匿。可見事不單純。

事後，一九五二年擔任厚生橡膠公司董事長，一九六四年選台北市長失利，一九七〇年赴日轉往大陸，被大陸利用其法學專長，擔任人大法創委員會委員，一九七七年利用訪美機會離開大陸，批評大陸不民主。一生立場備受爭議。（台灣五大家族，頁七一）

陸、李友邦與三青團

李友邦，一九〇六－一九五二，四十六歲，台北蘆洲望族，黃埔二期，時任三民主義青年團（簡稱三青團）台灣區團主任，二二八期間該團人員介入甚多，三月十日下午一時，李氏應警總參謀長電請，前往開會，後即失蹤。

李妻嚴秀峰奔波三日後見到陳儀，逼其說出下落，方知在保安司令部，經奔走，蔣主席批交陳儀：「解京法辦」。李氏遂被押至南京，其罪名為：家中窩藏共黨首要份子潘華等多人，經陳誠的調查，該等共黨份子在二二八時不是已死就是不在台，因此李氏「無違法實據，犯罪當難成立」，六月下旬無罪釋放。

事實上本案是蔣經國（一九一〇、四、廿七－一九八八、一、十三，七十八歲）協助，才得無事。因蔣當時為三青團中央團部第二處處長，三月十七日曾隨國防部長白崇禧來台，名義上是視察團務，因之即問及李友邦事及瞭解三青團情形，十八日奉蔣主席電回，十九日晨即搭機回南京，向

照片一〇二　李友邦與三青團合影

蔣主席報告情形，因之，蔣經國對二二八事件亦有實地瞭解。

另依《台灣開發史》記載（頁二六五）：「實者，蔣經國來台之目的，根據楊亮功（一八九六—一九八八，九十二歲）口述，蔣經國才是真正的二二八事件調查人，當局瞭解，謝雪紅一九二五年留學莫斯科時，曾與蔣經國同學，希望透過蔣的影響力，勸謝放棄武裝戰鬥。」惟蔣十七日到台，謝的二七部隊在前一天十六日晚已潰散，而謝早在十四日就已先逃走。故蔣便在十九日回南京。

所謂三青團台灣區團，早在陳儀抵台前，即由國民黨台籍上校張士德奉命籌備，一九四五年九月正式成立，它比國民黨早到台，因此將台灣各地知識份子、活躍人士都吸納進來，不限於青年人，在地方上很活躍，它的功勞是擔負起日本投降（八月十五日）到受降（十月二十五日）這段為期五十天中的治安及交通責任。這五十天是沒有政府的期間，因為日本警察已經癱瘓。

據台灣文學家吳濁流在《黎明前的台灣》（頁一四九）中說：這五十天是「台灣歷史上治安最好的時期，台灣青年，井然不紊地確保了全省的治安，順利地度過了這個難關，這是台灣人民的驕傲，有大書特書的價值。」

三青團台灣區團有此貢獻，但陳儀來台後不久，不知何故，即下令解散重組，由李友邦（台籍）接手。

三青團總部設在台北市衡陽路（今合作金庫址），全省各地設有分部。在一九四六、四七年間很活躍，辦了很多類似後來蔣經國的救國團的活動，搶了陳儀及國民黨不少光彩，亦得罪了不少貪官污吏，在二二八期間有很多人涉案，如嘉義陳復志、斗六陳纂地、台北陳逸松、花蓮許錫謙、岡山蕭朝金……均為三青團幹部，李友邦被逮可能與此有關。而三青團在事變後亦被下令解散。

李友邦在事變中雖逃過一劫，惟在一九五二年又以通匪罪名被處死，成為白色恐怖犧牲者之一。參考本章：玖、李曉芳。

柒、蔣渭川與政治建設協會

蔣渭川，一八九六—一九七五，七十九歲，宜蘭公學校畢，經營三民書局於台北市延平北路一段，組織政治建設協會，自兼總務組長，址設於三民書局內，會員一萬餘人，全省各地都有分會，擔任台北市商會理事長、二二八處委會委員。

三月十日早上十點多，三民書局女店員衝進後面住家說，有好幾個警察在敲門，蔣氏跑出去查看，被闖進來的五個穿黑衣服警察（四帶長槍一帶短槍）抓住手說：「我們奉命來槍斃你」，便將他拖到亭仔腳（騎樓），用短槍在其額頭上扣兩次扳機，都未擊發，其妻將他拉開，便往後跑，警察隨後追來連開了四槍，一槍擊中四女蔣巧雲頸部，三月二十一日不治死亡，蔣氏逃過一劫，四處躲藏。一年後的一九四八年二月二十七日，在李翼中、丘念台說情下出面自首，四月二十日獲不起訴處分。

蔣氏逃亡期間，被通緝，是陳儀發布三十名「二二八事變首謀叛亂在逃主犯名冊」中的第一名，此名冊陳儀四月十八日發布通緝，五月二十二日警總又函高檢處通緝，五月二十六日與六月二日又令憲四團與全台各機關逮捕歸案，蔣氏被陳儀認為是大台灣主義者，且具有社會勢力，在事變間頗活動，三月二至六日先後五次上電台對全島廣播，多次與陳儀、柯遠芬、張慕陶交涉，除為政治建設協會首腦外，三月五日又組織「台灣省青年自治同盟」，因此被定案為「倡謀叛亂煽惑暴亂」，列為三十大之首，陳儀欲除之而後快。

其實蔣渭川在二二八期間，一直是省黨部運用的棋子，走的是穩健的路線，在處委會方面，與王添灯等激進派取得對立平衡；在社會青年與學生隊的民兵方面，以節制方式使台北市暴亂不致擴大；在陳儀方面有時時刻刻連繫交換意見的協談空間，穩住了相互讓步的局面，省黨部運用這步棋

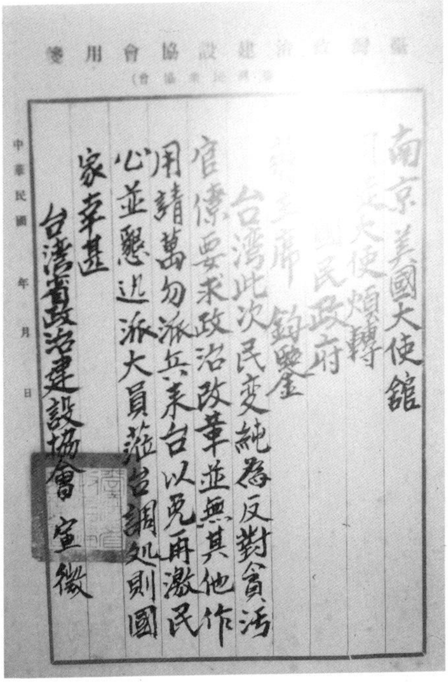
臺灣省政治建設協會用箋

南京美國大使館
大使煩轉
國民政府
蔣主席鈞鑒
台灣此次民變純為反對貪污
官僚要求政治改革並無其他作
用請萬勿派兵來台以免再激民
心並懇迅派大員蒞台調処則國
家幸甚
台灣省政治建設協會寅徵

照片一〇三　蔣渭川政治建設協會

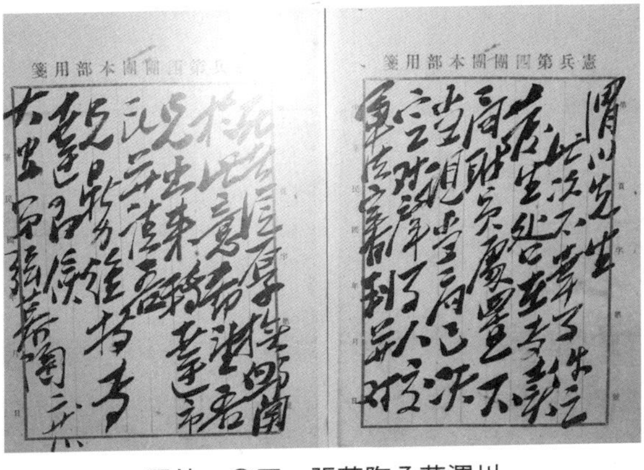

照片一〇四　張慕陶函蔣渭川

子是成功的。我們可以假設，如果蔣渭川在事變中採取激烈參與的方式，發動社會青年及學生隊來民變，如台中謝雪紅一樣，則台北市也會如台中市一樣，為民兵所佔領，陳儀會變成階下囚。當時的蔣渭川在台北市就有這個力量。

因之，蔣渭川逃亡期間，其實是在省黨部掩護之下的，請看林衡道的口述：（文獻輯錄，頁五六二）

> 「我在某君家前後住了好幾天等到外頭比較平靜以後，我又去一趟省黨部，見到林紫貴和徐白光兩人。我問說我現在回家要不要緊？他們說既然避了這麼久，索性等新任主席魏道明來了以後再回家吧！並且說，到了那時候也要叫蔣渭川回來。原來當時官方要抓蔣渭川，省黨部掩護他，叫他化裝成農民，住在天母幫人割稻。並由台北市黨部書記楊鑫茲為連絡人，兩天就去和蔣渭川連絡一次以便讓他安心。由蔣渭川的例子，可知派系鬥爭之介入二二八事變，並非三言兩語可以講清楚的。」

蔣渭川獲無罪後不久，遞補為省參議員，一九四七年十二月五日被吳國禎主席延聘為省民政廳長，因與部分人士意見不合，十二月十九日發生省參議會休會反對風波，翌年一月二十二日辭民政廳長職。一九五〇年二月一日至一九六〇年八月，出任內政部常務次長達十年六個月之久。是二二八受難者中最享福祿壽者之一。（蔣渭川和他的時代，頁三五五—三六六）

捌、鄧進益與大明報

鄧進益，一九一一年生，台北高等商校夜間部畢，開大明印刷廠，創辦《大明報》，台北市漢口街里長，二二八處委會委員。

三月八日晚上，一位呂姓警察穿私服，從鄧家後門進來，拿了一張手寫油印紙，上面有鄧進益名字，排名第八，前面七名是徐春卿、李仁貴等人，說：「上級交代，凡是殺了名單上的人，有五萬之獎金」，表示從前鄧氏對他很好，他不殺鄧，叫鄧快跑。

所以人應該做好事，一次回報救了老命，就夠本了，鄧連夜逃往大溪山上，第二天警察和憲兵就來包圍鄧家，鄧不在，將他太太、夥計全捉光充數。

大明報發行人兼主筆艾璐生在工廠，被六七個憲兵包圍捉走，從此失蹤，他是外省人，罪名是「陰謀叛亂首要，利用報紙抨擊政府施政，煽動人心不滿現實」。（表十二）

照片一〇五　鄧進益

鄧被通緝，罪名是：「處委會委員，民主聯盟首要，參加謀議三十二條叛國議案，詆毀政府，煽惑群眾」。（表十三）

鄧在大溪角板山躲了一個月後，於四月從基隆搭船到南京，投靠朋友，住了一年，在那裡遇到了不少因二二八而逃亡的台灣人。一年後回來自首，在法院寫自白書就沒事了。做了一陣印刷業後，六十歲退休，每天去圓山跑步、打球、運動。最大心願是：勇勇健健活下去，看到二二八事件有個水落石出。（台北南港二二八，頁二四九，鄧進益一九九四年口述）

玖、李曉芳與嘉義大槍決

照片一〇六　李曉芳

李曉芳，一九〇三—一九九六，九十三歲，嘉義人，北京大學經濟系畢，經營建築業，擔任三青團嘉義分團幹部。

三月十一日，王甘棠找他到機場談判，他不去，而王甘棠也在中途下車，兩人逃過一劫。他逃到台北找劉啟光，在劉介紹下，做廈門司令官張天虎的祕書，由基隆搭船到廈門、鼓浪嶼，住到六月回台，在台北遇到王甘棠也從上海回來，王去做軍醫，兩人接受劉啟光勸告，去自新就結案。

李曉芳一九九三年九一歲回憶稱：「嘉義這些人的死刑，是孫志俊市長、李志榮憲兵隊長和羅迪光營長三人判決的……被槍決的幾個人，不是二二八的帶頭者，相反，他們正是努力解決問題，阻止暴動的人，他們去機場談和，有何不對？他們沒有做錯事，他們是有功無過的，正如後來中央說我無過一樣。」（諸羅山城二二八，頁二三八）

又稱：「像李友邦到現在也沒人講得出他犯什麼罪，我在上海時就認識李友邦，他是一個很有愛國心的人，做事坦白明快，陳儀最信任他，一些老委員為了扳倒他，向老蔣說他的壞話，才造成他被殺。」

又稱：「我有一個朋友林清海，生病無助，我幫他一兩百塊錢，特工抓我去，說他是共產黨，我說我怎會知道他是共產黨，他們硬說：『你一定知道，給他錢就是資匪，要沒收財產』等等，後來我因此也坐了一小段政治牢。」（一九四九年至一九五四年因資匪判刑五年）

王甘棠後來回到嘉義當到衛生局長，逃就不會死，由於平時做人很好，二二八事件逃跑並無損他的名聲，若二二八不幸遇害，才真正冤枉。（嘉義驛前二二八，頁二八三）

在嘉義同案，還有鍾家成、蔡飛鵬：

鍾家成是當時最高明的，大家都說他是裝病不去機場談判，後來上台北，擔任台灣銀行總務主任。

蔡飛鵬（一九〇八年生）是嘉義農校代理校長，京都帝國大學農經系畢，卻因二二八，一輩子屈居農業指導員及嘉農教務主任職。

詳情請參閱十三章：壹、陳復志案例。

拾、郭國基與五龍一鳳

郭國基，一九〇〇—一九七〇，七十歲，屏東人，明治大學政治系畢。擔任省參議員（一九四六年三月由高雄市參議會選出一人）、高雄市處委會顧問。俗稱：郭大砲。

照片一〇七　郭國基

一九四七年三月九日郭氏被捕，這是陳儀四月十八日發布的「二二八事變首謀叛亂在逃主犯名冊」三十人中，惟一被捕者，其餘二十九人不是已捕殺，就是逃亡。郭氏已被捕，還發布在逃通緝，令人不解，其罪名有三點：

㈠與蔣渭川、王添灯等勾結圖謀顛覆政府。

㈡事變前藉考察全省工廠事業為名，從事煽動暴亂。

㈢鼓動暴徒叛亂，組織高雄治安軍，並強力接收政府機關。（表十三）

其實他的被捕與在省參議會質詢陳儀有關，引述《從人物看台灣百年史》頁一七三如后：

「在台灣省參議會的會場上，郭大砲也曾大膽地詢問行政長官陳儀：

『台灣是還給中國，不是中國的軍事佔領地。因此應該儘快停止軍政，實施地方自治才對。而且，應該儘可能起用島民。』

陳儀回答：『台灣缺乏長於政治的人才。那些謾罵當局的人，都是想成為官吏。』郭大砲立刻反擊：『既然知道台灣沒有人才，為什麼不加以培養呢？我只是指出省政的不當之處，絕對不是想當官。』

但是郭大砲的提議終究未獲採納。陳儀的苛政並未改善，結果引發了二二八事件。

二二八事件爆發時，郭大砲正與農林官員在台東視察。基於政治上的恩怨，郭大砲於三月九日遭高雄憲兵隊逮捕，歷經台北憲兵隊、軍事法庭、台灣高等法院而被判下獄，但在三十七年二月十三日經台灣高等法院判決無罪（二二八檔案彙編㈢，頁三九九），前後共二百一十天後無罪釋放。從這時起，郭大砲便宣布脫離國民黨，投身台灣民主運動。對於國民黨的苛政，他的憎恨與日俱增。

郭大砲在議會質詢的內容包括外交、國防、內政、環境衛生等，範圍相當廣泛。當日本成立自衛隊時，惟恐日本再度發動軍事侵略的郭大砲，曾透過當局向麥克阿瑟元帥提出抗議。台灣的羅斯福路、麥克阿瑟公路，都是根據美國偉人的名字來命名的，但是郭大砲卻以台灣並非美國的殖名地為由，要求改名。

國民黨撤退來台後四十幾年間，並未進行國會議員改選。郭大砲曾多次提案要求改選國會議員、保障言論自由及導入陪審制度，卻未被採納。

國立台灣大學的經費，是編列在台灣省政府的預算中。因此，省政府如有向台灣大學提出任何改善要求，校長就必須到台灣省議會接受質詢。一九五〇年十二月二十日，有『中國大砲』之稱的著名歷史學者，台大校長傅斯年，接受郭大砲的質詢。正當兩人你來我往展開激辯時，傅斯年突因腦中風而倒地不起。後來世人每當追悼傅斯年之死時，總是對郭大砲多所責難。

翌日上午十一點左右，二百多名學生拿著『痛失良師』的白布條來到台灣省議會會場。在學生和記者的要求下，郭大砲說明自己的感想：

『傅先生是一位非常優秀的學者，是值得尊崇的人物。政治家為國死在議場之上，內心應該了無遺憾。這就好像將士戰死沙場、水兵尋求海葬一樣，是很光榮的事情。相信傅先生的英靈，也會期待我在議場上能享有名譽之死。』」

在議壇上，郭國基與李萬居、郭雨新、吳三連、李源棧等五人，向以黨外人士敢言、能言著稱，被封為五虎將，加上許世賢，稱為五龍一鳳，在省議會史上留下特殊的一頁。

一九六七年六月省議員選舉，在選戰的最後一天，郭大砲高聲呼籲選民：「請給我死在議場的榮譽！」選民被他悲壯的話語感動，紛紛投票給他，結果以超過五萬的高票數當選。拖著病痛之身重返議場的郭大砲，給人一種「春蠶到死絲方盡」的感覺。

郭大砲最大的願望，就是成為國會議員。一九七〇年一月，台灣舉行國會議員補選。郭大砲使出全力，巡迴南部十一縣市向數百萬選民爭取支持，終於在這場最後的選戰中獲勝。可惜翌月卻因直腸癌復發住進台大醫院療養，同年五月二十八日凌晨，因併發尿毒症不治死亡。稍堪告慰的是，他一如原先所希望的，得到了死於議場的榮譽。

拾壹、李萬居與公論報

李萬居，一九〇一──一九六六，六十五歲，雲林口湖人，上海文治大學、民國大學（一九二四──一九二六）、巴黎大學文學院（一九二八──一九三二）攻讀社會學，在法國加入青年黨。一九三二年秋回國，在南京「中山文化教育館」擔任編譯，一九三七在軍事委員會的「國際問題研究所」工作，負責對日情報搜集、研判。研究所主持人王芃生與李為堂連襟關係，甚得蔣介石器重，有一段時間每星期五下午與蔣主席見面。李對工作相當投入，僕僕於漢江、香港、越南之間，一九四三年還曾冒險化裝到淪陷區部署情報網，抗戰勝利後得「甲等勝利勳章」。被蔣介石稱之為「愛國」的人。

二二八時，李擔任全省第一大報《新生報》社長，新生報是官營，社長卻不是國民黨，連時任省黨部主委的李翼中都發出不平之鳴：「新生報雖為政府所辦，然其社長為青年黨李萬居」，可見其當時的份量。二月二十七日晚群眾衝入報社要求刊登緝煙血案，社員不敢答應，李到場才解決，第二天果刊登三百六十字短訊。（見照片廿三）

國軍登陸後，新生報總經理阮朝日、日文版總編輯吳金錬、嘉義辦事處主任蘇憲章相繼被捕殺，新生報言論內容受到質疑。李亦差一點被軍警逮捕，幸被公署的憲兵解圍。惟其部屬有事，他社長無事，其具有「半山」身份，受到本省人的注意，果然不久，在上海發生被一群台灣人圍毆事件。

照片一〇八　李萬居

事實上，阮朝日與吳金錬的被捕殺，李脫不了干係，請看一則國家安全局的情報：（檔案彙編(一)，頁二九二）

「事變時，本市新生報……發起接收委員會……以阮朝日為偽社長、吳金錬為偽副社長兼總編輯……由該社長李萬居派入監

視行動之蔡朝根、蔡水勝、林鐘、許家庭等員為偽委員……四人則奉社長令侵入參加，予以保障。」（參閱十二章：捌、阮朝日案）

台灣人當然瞭解此事，因之，在上海李氏便被圍毆，此圍毆也給他一次反省的機會，也打醒了他。

從此，他的想法有了改變。二二八事件的強烈震撼，促使他在政治立場上與其他半山人物背道而馳，成為半山的異端。

一九四七年九月新生報改組，李被架空為無實權的董事長，十月他便另創辦《公論報》，辦報是他的理想和興趣，一九五七年創刊十週年他親寫社論表白他的看法：

「台灣五十年間在日本帝國主義的殘酷統治之下，我們先人以至我們不斷地奮鬥，犧牲無數的生命以求者，也不外是在日本人壓迫統治被推翻之後，才有實現可能的民主與自由，不只是不甘受異族統治而已。」（楊錦麟一九九三，頁二〇七）

換言之，如果求不到「民主與自由」，「我們」要繼續「奮鬥」。在當時這是很露骨的反政府言論。

一九五八年二月他在省議會破天荒用閩南語發言。一九五九年質詢中更露骨指出：

「以今日自由中國的人口來說，當然台灣人佔最大多數，不過，在軍政界各方面的首長由台灣人擔任的，真可說鳳毛麟角。比如中央各部會首長沒有一個是本省人，七任的省府首長也沒有一個本省人……全省警察局長二十二名，本省籍的僅僅一名，分局長一一六名，本省籍僅有六名，副分局長現在四十八名，本省人連一名都沒有。就這些比例看，實在不大像樣。」（台灣省臨時省議會一九五九，頁八二一）

一九六〇年九月四號雷震案爆發，原因是要組黨，公論報事先有支持組黨的言論，因之，創辦人之一的陳其昌、總主筆倪師壇、副總編輯李福祥、編輯阮景壽，乃至許多記者，在雷震案前已紛紛入獄，罪名無奇不有。

一九六一年一月又爆發蘇東啟案，蘇是雲林縣議員（今雲林縣長蘇治芬的父親），是他在家鄉選區最重要的支持者，此案以叛亂罪名起訴五十人，蘇等四人判無期徒刑。

一九六一年三月《公論報》被迫停刊、易手。

李萬居從一九四六年擔任省參議員起，一直在省議會，直到去逝為止，每次連任選舉，雲林海線鄉親無不自動自發拉票，出錢出力宣傳，甚至本人不必親自到場只要宣傳車就行，開票結果雲林縣每個投票箱都有票，甚至斗六榮民之家的鐵票箱亦有少些票。這選票上的群眾基礎，加上蔣介石的念舊厚愛，是李氏歷經多次大案，始終擦身而過的關鍵所在。

李不只是省議會的常青樹，其發言犀利有理，並贏得「五龍一鳳」美稱，在雲林縣海線更是傳奇性的人物，對台灣民主政治而言，更是一位先驅者。

拾貳、謝雪紅與台盟

照片一〇九　謝雪紅

謝雪紅，一九〇一——一九七〇，六十九歲，彰化人，上海大學社會系肄業（一九二五年九至十二月），莫斯科東方大學日本班兩年（一九二五年十二月八日至一九二七年十一月）。

一九二五年八月加入共產黨，一九二八年四月十五日在上海組織台灣共產黨，十日後被日警捕獲押回台灣，六月二日開釋，即在台成立黨中央，成為舊台共實際負責人，一九三一年六月二十六日因日警大檢舉案被捕，判刑十三年，一九三九年四月七日因病保釋出獄。

二二八時，在台中領導青年學生，組織二七部隊，控制台中市，取得大量軍憲警的武器裝備，支援中部地區各隊民兵槍枝彈藥，國軍登陸後，三月十二日率二七部隊撤退至埔里，十四日接獲地下黨通知緊急離開埔里及二七部隊。

於五月二十日透過台籍海軍軍官蔡懋棠協助，由左營乘光明砲艦離台，蔡因此案被判刑十二年。

潛逃路線是：埔里—魚池—水裡—集集—竹山—鯉魚尾（住張昭雄母宅）—彰化—大肚（住黃漢宅二十天）—左營—香港—大陸。

一九四七年十一月十二日在香港成立「台盟」，全名「台灣民主自治同盟」，謝氏任第一屆主席，楊克煌、蘇新、李偉光、林樑材、李純青等為幹部。

一九四八年七月中共召開香港會議，台盟也參加，會中決議兩大點，一為蔡孝乾回台發展，二為謝氏到北平參加中共政權成立後的新政協會議。謝氏於一九四九年三月將台盟總部由香港遷到北京，謝氏也到了北京參加政協籌備會，並擔任全國民主聯合會的執行委員。十月一日謝與台盟也參加了北京天安門的中華人民共和國成立大會。

惟謝與台盟主張的台灣特殊論、台人治台論等，違反中共「建立一個統一而富強的新中國」的原則，而受到批判。一九五七年中共反右風，謝被密集批鬥十次，頭銜也被一個個取消了。一九七〇年十一月五日病逝北平，留下《我的半生記》乙書（謝口述，楊克煌筆錄）。（請參閱五章二七部隊）

拾參、陳纂地與武裝民兵

陳纂地，一九〇七－一九八六，七十九歲，二水人，大阪高等醫專畢，在斗六開設陳眼科，人氣很旺很出名，妻陳謝玉霞，東京女子醫專畢，也在斗六開設至誠醫院，擔任台南縣婦女會理事長，夫婦在斗六很得人緣，同是二水人的謝東閔常去看他們。

二二八時，陳纂地擔任民兵「斗六警備隊」總隊長，下設二個中隊，每中隊下設三個小隊，另設一指揮班，負責作戰指揮。三月六日派第二中隊支援虎尾隊攻下虎尾機場。三月四日也曾派隊支援嘉義，將國軍趕到紅毛埤。

照片一一〇　陳纂地全家照

三月十七日國軍攻到斗六，十五日陳纂地提早率領斗六隊經古坑到樟湖，途中崁頭厝人、梅山人、古坑人前來會合，同時北港、西螺、水林、朴子亦有人進入樟湖。

進入樟湖的民軍約有數百人，駐在樟湖國小和樟湖派出所，約一二個月後，國軍由兩路進攻，由村人帶隊抄小路，民軍守在大路，國軍開火後不久，民軍便不支四處逃散，結束二二八事變中民軍最後的武裝抗爭。

陳纂地由瞭解山路的部下帶他逃到林內，再轉回二水老家後的山洞內，躲了六年，國軍搜了多次都沒找到；由於人緣好，家人親戚被捉去刑問，也沒人供出他的行蹤，導致四位親人被槍殺：姑丈許聆言、侄子陳崑崙、堂弟陳順晨及一位謝姓親戚。

由於謝東閔的關係，一九五三年出來自首，不久開釋，在台北開設建安診所，生意很好，對患者很好，怕沒錢的患者不好意思，常自己拿錢給患者到櫃台付帳。一九八六年去逝時，沒留下任何財產。生有四子，均出國留學，受良好教育。

他一生都在幫助人，他很照顧台灣人，希望台灣人自己站起來。（嘉雲平野二二八，頁七〇）

陳篡地在樟湖的民兵潰散後，其部下中，有多人因涉及地下黨組織，在繼續活動中被捕判刑，如：陳文魁（二十五歲，業商，斗六人）為樟湖部隊第一小隊員，張豐欽（二十六歲，銀行員，斗六人）為中隊長，游賜一（二十八歲，業商，古坑人）為第四小隊員，以上三人均以內亂罪判刑三年六個月。另葉登炎（三十六歲，業警察，斗六人）為警備部連絡員，在獄中又作文字宣傳，犯行較重，被判刑五年。（見檔案彙編(三)，頁四六一，台灣高等法院四十・三・三十一判決文）

由此看來，陳氏與地下黨的關係，難以撇清。

請參閱五章：貳、樟湖游擊隊。

拾肆、郭琇琮與學生聯隊

郭琇琮，一九一八—一九五〇，三十二歲，台北帝大醫學部畢，台大醫院醫師、民政處衛生局防疫股長、學生聯盟主席。

林至潔，一九二七年生，郭琇琮妻，台北第三高女、日本女子大學醫護營養科畢。

郭琇琮二二八事件時，在三月三日組織學生聯盟，擔任主席，他用化名，成員戴著面罩，或以毛巾掩面，綁著必勝頭巾，攻打華山倉庫，拿到米糧，攻打圓山兵營，拿到步槍五十支及一些子彈。

照片一一一　郭琇琮

他曾到新公園的電台廣播，用台日語雙聲說：要科學救台灣，打破中國封建制度，不要貪官污吏等；他還說：「我們台灣是次殖民地，走了一個皇帝，又來了另一個皇帝，還比以前更厲害。」他也提到，「要用革命的方式，才能推翻陳儀政府。」

二二八事件中，他是單純的學生領袖，與謝雪紅、蘇新等台共沒聯繫，與王添灯、陳逸松等也沒來往。由於用假名留鬍子喬裝，到四月底仍回台大及衛生局上班，不受懷疑。

事件後，他才被舊台共廖瑞發吸收，開始在校園與街頭發展組織，經廖介紹認識了蔡孝乾，徐蚌會戰後，中共戰勝，一九四九年在香港與周恩來見面，參加中共的集會和訓練，一心想推翻國民黨。

一九五〇年基隆中學事件和光明報案爆發，郭琇琮夫婦開始逃跑，先到宜蘭三星、南方澳，後來到嘉義準備上阿里山，在嘉義於五月二日被捕。

當時他們工作很積極，槍械都進來了，先後成立四個基地，分別是南方澳、太平山、霧峰和阿里山的台灣蓬萊聯盟，太平山是郭領導的，其餘三個是張志中領導的，蔡孝乾到處來來去去。被破獲後很多學生被捕。

當時台共四個頭頭被關，一個姓洪、一個姓黎、一個是蔡孝乾，都和國民黨合作，關沒多久就出來。只有張志中堅持不肯投降，有擔當、不抱怨、不牽連別人，夫婦都被槍斃。

郭琇琮一九五〇年十一月二十八日被槍決，當天一共有十四人，包括許強、吳思漢。郭妻被判十年，逃過一命。假如沒有二二八，郭琇琮夫婦的命運會不同。（台北都會二二八，頁一〇七，林至潔口述）

請參閱五章：參、台北學生聯隊。

拾伍、蘇新與憤怒的台灣

蘇新，一九〇七—一九八一，七十四歲，台南佳里人，台南師範學校三年級肄業，東京大成中學畢，東京外國語學校英文系肄業。共產黨員，著《憤怒的台灣》等書。

在台南師範時因參加文化協會，領導反日學運而遭開除。在東京時參加共產黨，籌組台灣共產黨，一九二九年回台，到太平山籌組木材工會，到基隆礦區籌組礦山工會，一九三一年台共第二次大會中被選為常委及宣傳部長。在當年日警大檢舉事件中被捕，判刑十二年，一九四三年出獄。

戰後，任職政經報、人民導報、台灣評論、台灣文化、中外日報等報社工作。

照片一一二　蘇新

二二八期間，為王添灯工作，撰稿及草擬三十二條，國軍登陸後，民報、人民導報、中外日報、大明報被查封，許多記者被捕，人民導報前社長宋斐如、民報社長林茂生、自由報社長王添灯等均被殺害。蘇新在十三日早晨從報社逃跑，五月二十三日逃到上海，七月八日到香港。

一九四七年十一月十二日在香港與謝雪紅等組織「台盟」——台灣民主自治同盟。一九四八年重新入共產黨。一九四九年三月到北京在中共統戰部工作，當第一研究室資料組組長，八月到上海當中共華東區台灣工作委員會宣教科副科長，一九五〇年七月兼中央廣播事業局華東台灣室主任，從事對台統戰工作。

文化大革命時蘇新被批鬥成「叛徒」，被送勞改七年，反正後，一九七八年任台盟總部研究室主任，一九七九年十月任台盟常務理事，一九八〇年任政協委員，晚年從事著作整理，也寫下五十萬字的「閩南語研究」。（蘇新，未歸的台共鬥魂）

蘇新的論作，對早期台灣左派運動及工農運動歷史，具有研究價值。一九八一年十一月十三日蘇新在北京逝世，十二月五日台北舉行家祭，有親友及文化界人士一百多人參加，蘇新的老戰友楊逵代表致悼詞時，激動地說：「他是愛這個鄉土的。」

拾陸、楊逵與送報伕

楊逵，一九〇五—一九八五，八十歲，台南人，台南二中畢，日本大學專門部文學藝能科夜間部肄業，日治時參加農民組合，被捕六次。一九三二年發表《送報伕》小說，三四年獲東京《文學評論》十月號遴選為二等獎（一等獎從缺），成為首位登上日本文壇的台灣作家。

楊逵是無政府主義、馬克思主義的信徒，是主張階級鬥爭及社會改革的運動家。

二二八事件時，他在台中擔任《和平日報》新文學欄編輯。印號外報導處委會動向及民變消息，也與蔡孝乾有接觸。國軍來時，打算乘船逃亡，因海岸線封鎖返回台中，四月某晚夫婦被捕，槍決前一天發表魏道明任省主席而免除死刑，八月夫婦獲釋，出獄前當局提醒二人，今後著作應先呈報。

一九四九年一月起草「和平宣言」，呼籲政府「釋放一切政治犯，停止政治性的捕人，保證各黨派隨政黨政治的常軌公開活動，共謀和平建設，不要逼他們上山下海」（第三條）。

陳誠省主席在上海記者會上稱：「台中有共產黨第五縱隊（間諜）存在，這些人一定要沉入海中才行」，楊逵立刻察覺已身陷危險當中。

果然，一九四九年四月三日，師範學院、台灣大學學生與警方衝突，三天後三三五人被捕，楊逵夫婦被懷疑幕後操縱學生，也在同日被捕。最後以楊逵只在師範學院發表演講，未加入叛亂行列，判十二年徒刑，送火燒島，到一九六一年四月六日滿十二年才釋放。他感嘆的說：「我得到全世界最高的稿費，沒想到只寫了一篇幾百字的文章（指和平宣言），卻白吃了十二年的飯。」

照片一一三　楊逵

楊逵的作品，是從階級鬥爭的立場來描述台灣農民的苦境，其代表作《送報伕》，是以楊逵自己在日本擔任送報員和家庭教師等經驗為素材寫成的，文中說明了被資本家壓榨而陷於貧窮與痛苦的台灣農民自立之道。其他作品有：《無醫村》、《鵝媽媽出嫁》等。

一九八三年一月獲第六屆吳三連文學獎，十一月獲第一屆台美基金會人文科學獎。晚年仍創作不輟，一九八五年三月十二日去世，想不到一生貧病相隨的楊逵，竟然長壽八十歲，為台灣文學留下寶貴一頁。

拾柒、吳濁流與台灣文學

吳濁流，一九〇〇—一九七六，七十六歲，新竹新埔人，客家人，台北師範學校畢，擔任教員二十年，後轉任記者、報社編輯等職，作《亞細亞孤兒》、《黎明前的台灣》、《無花果》、《台灣連翹》等書，為知名鄉土文學小說家，其作品特色為從民族立場來看島民的命運，其言行影響台灣文學深遠。

照片一一四　吳濁流

二二八時擔任《民報》編輯，民報被查封，社長被捕殺，吳氏因行事低調，有事藏於內心，倖免於難。惟二二八期間吳氏人在台北，身歷其境，觀察入微，以犀利筆鋒，寫在《台灣連翹》遺作中，並交待其過世十年二十年後才能發表，主要原因是書中點出，二二八菁英被捕殺，是由本省人的半山，提供黑名單給外省人，否則外省人哪知道這麼多台灣菁英；由於提供黑名單的人有些還在，他不便得罪，又不能不把他知道的寫出來，以對歷史負責，所以交待過世後十年二十年才發表。

吳氏一九六四年四月創刊《台灣文藝》，提供喜愛文學的青年一個發表的園地，並藉其一己之力來培養文學新苗。翌年創立「台灣文學獎」，每年頒獎一次，藉以鼓勵有志於文學的後進。此外，還從退休金中拿出十萬元，再加上各界的捐款，成立「吳濁流文學獎基金會」，為了籌措基金，使文學獎得以長久持續下去，他不斷地四處奔走，因而博得「文化托缽人」的美譽，成為受尊敬的文藝鬥士。

其一生寫照，由其一首詩中看出：

風風雨雨雨風風　憂患生涯荊棘中
歷盡辛酸餘恨在　飄零情感入詩筒

拾捌、杜聰明與台灣醫學

杜聰明，一八九三—一九八五，九十二歲，淡水人，台北醫學校畢，京都帝國大學醫學博士，為台灣第一位醫學博士，二十八歲晉升為台北醫學校教授，為台人中職位最高者。他研究台灣鴉片問題及其戒癮療法，知名全世界；他是全世界第一位成功地由尿液中檢查出嗎啡成分的人，這項技術對中毒者的鑑別與診斷有很大幫助，目前警方用來檢驗中毒者的檢查法，就源於此。

照片一一五　杜聰明

戰後台北更生院改名為「台灣省戒煙所」，杜氏擔任所長，繼續作矯正治療工作，一年後，台灣鴉片中毒者完全銷聲匿跡。

二二八時，與事件完全無關的他，也在逮捕名單中，原因可能在迎婦產科事件中，他曾以醫生專業出面作證，得罪軍方（詳見十四章：參、迎婦產科案），幸得朋友相助才免於難，不過卻失去了台大醫學院院長寶座，一年四個月後才復職，一直到六十歲才離職。

他退而不休，另創辦「高雄醫學院」，自任院長達十二年之久，一九六八年十二月二十五日獲日本政府授予勳二等瑞寶章，是對他長年來擔任「台灣醫學會」會長，在中日醫學交流上貢獻的肯定。

在台灣醫學界人士的心目中，杜氏永遠是「教授中的教授，名醫中的名醫，學者中的學者」。他的一生，由其一首詩作，可為代表：（從人物看台灣百年史，頁六八起）

愛惜光陰不杪輕　一生樂學理求明
雖無多少功存世　老馬長途盡力行

拾玖、曾璧中與外省人

曾璧中，一九一二年生，廣東蕉嶺人，廈門大學畢，擔任長官公署宣傳委員會專員，主編政令講解週刊，兼省行政幹部訓練團教官。

三月十一日下午，六七位便衣人員，到東門町曾家敲門，曾氏本人開門問找誰，他們說：「找曾璧中先生」，曾問：「哪裡找他」，說：「宣傳委員會」，就有人指著：「你就是嗎？」態度非常惡劣，因為宣委會人曾氏都認識，這些人都不認識，引起曾氏懷疑，便回說：「我不是，他在裡面，我去叫他。」隨即一個說：「找了好久啦！」曾意識來者不善，便由後門跑出去幸町六條通一個朋友家裡。那些人見曾氏沒出來，便衝進屋裡搜查，並揚言：「抓住就在這裡槍斃他。」曾氏不久便到大陸，逃過一劫。

曾氏罪名，是奸匪首要，是陳儀直接下令由憲四團捕殺的對象，依附件廿三大溪檔案情報㈡：「陳長官十日令憲兵駐台特高組，祕密逮捕國大代表林連宗、參議員林桂端、李瑞峰，彼等聯名接收高等法院，及奸偽首要曾璧中等。」以上人員均被捕殺，只有曾璧中機警逃脫，此說明本省菁英不知逃走而枉死，外省菁英知道利害、知道國軍底細，故能反應過來，趕快逃走。惟曾氏身為外省人，而被列為捕殺對象，實是異數。

曾璧中後來到美國定居，對被列為「奸偽首要」，即匪諜罪名，一直不解而耿耿於懷。其實他被列名原因，應於其在省行政幹部訓練團授課時，有學生在課堂上抨擊政府所致。

在外省人中列名捕殺者很少，除曾璧中外，尚有徐征與艾璐生兩人，惟兩人均被捕後從此失蹤。

徐征，北京師範大學畢，日治時即來台，在台大醫學院教中文與北京話，一九四四年與其學生謝娥、郭琇琮等被日本憲兵隊逮捕，戰後才釋放。

徐征被列為二十名叛亂犯之一，其罪跡依「辦理人犯姓名調查表」（表十二）有四點：㈠奸偽首要；㈡組織國語講習會，從事吸收社會青年，以為奸黨外圍群眾；㈢組織瀛青社，吸收知識青年及大學學生，擴大活動；㈣策動延平學院學生叛亂。

艾璐生，詳見本章捌、鄧進益與大明報。

貳拾、王育德與台獨運動

王育德，一九二四—一九八五，六十一歲，台南人，東京大學博士，大學教授、台語研究專家、台獨運動者。戰後參與台灣新戲劇運動，發表「新生之朝」及「青年之路」等劇本並參加演出。均為批判時政的新劇。且為台語發音。

照片一一六　王育德、王育霖

「新生之朝」主角是陳老爺，因為家道沒落，賣了女兒，期待其事業成功回家，將女兒贖回。意指台灣人民從日本解放，期待光明的未來。

「青年之路」主角是台灣青年，在戰後從海南島歸來，在瓦礫中的台灣找不到工作，遊手好閒，結果因偷香煙被警抓去，他哥哥替他去坐牢。哥哥出獄後，對政府官員的貪污和賄賂橫行，感到憂心。

「新生之朝」在一九四五年十月上演，「青年之路」在一九四六年十月上演。前者台灣光復了，充滿希望；後者看到不安的社會現象。

二二八時，其兄王育霖被捕殺，他對其兄非常尊敬，因此此事對其心理影響很大。同行的簡國賢也被判死刑，另一同行宋非我，則潛逃大陸，王育德感到危險在向他迫近。一九四九年一起參加戲劇活動的黃昆彬被捕，本來在二二八後，一直沉默下來，不再有積極行動的他，開始考慮逃出台灣，同年八月在好友邱永漢協助下，先逃到香港，再亡命日本。

一九六〇年二月二十八日在東京創辦「台灣青年社」，開始從事真正的台灣獨立運動，並發行刊物《台灣青年》，許多當時的台灣留學生，如黃昭堂（有仁）、許世楷、金美齡等紛紛投入，後來辜寬敏應邀參加，並於一九六五年將台灣青年社改組為「台灣青年獨立聯盟」。

王氏的台獨運動始終如一，其間回台的有：⑴廖文毅一九六五年五月十四日；⑵廖明耀、簡文介、施清香等人一九七一年十月；⑶邱永漢、辜寬敏等人一九七二年。以上人員的回台，使台獨運動大本營由日本移到美國，由年輕的留美台人接手。惟王氏在日本始終不變，因此而被列入黑名單，一直到一九八五年辭世，不曾回台一步。

照片一一七　廖文毅

其間在一九七九年，王氏發起「原台籍日本兵的補償問題思考會」運動，也親自參加街頭的簽名活動，足見其對台灣人的熱愛。

王氏除台獨運動及關心台灣人外，他最大的貢獻是對台語、台灣歷史、台灣文藝等方面的研究，其成果在他客死異鄉十七年後，於二〇〇二年七月在台北由前衛社出版共十五卷的

《王育德全集》。

原來他亡命日本期間，曾在東京大學攻讀中國語研究，後擔任明治大學、琦玉大學教授，其博士論文《閩音系研究》，使他成為世界語言學界公認的台灣語學權威，也是台灣台語研究的先驅。

王育德的台獨運動，與同在日本的廖文毅台獨毫無關係，也沒有半點共產主義思想，他的台獨思想起因於對台灣當局的絕望，以及愛台灣的情懷，而將台灣以及全台灣人納入他的思考範圍，來勾繪出台灣人自己的前景。

邱永漢曾以王育德兄弟的親身遭遇，發表兩本著名的小說，一是以王育霖為題材的《檢察官王雨新》，一是以王育德為題材的《密入國者之手記》。（岡崎郁子，戰後初期王育德之思想與文藝）

請參閱十二章：陸、王育霖案例。

貳壹、林頂立與忠義服務隊

林頂立，一九〇八—一九八〇，七十二歲，本名林錫桂，雲林縣莿桐鄉人，日本明治大學政治經濟系肄業。

二二八期間，林頂立擔任國防部軍統局台灣站站長，是軍統系統在台灣的最高首長，積極參與二二八的情報蒐集及祕密捕殺行動，建立功業，權傾一時。

事件後，論功行賞，於民國四十年當選台灣省臨時省議會副議長，四十三年連任第二屆副議長，四十三年擔任農林公司董事長兼總經理。民國三十六年創辦《全民日報》；民國四十二年，全民日報、民族報、經濟時報合併為《聯合報》；四十二年至四十五年，林頂立擔任三年的聯合報首任發行長。

惜，民國四十四年十一月林頂立以副議長身分赴日本，迎玄奘佛骨供奉於日月潭時，被檢舉與同鄉的台獨份子廖文毅（雲林西螺人）接觸，事先未報備，事後也未報告，受到曾任省主席的陳誠抨擊，隨即在四十五年五月爆發有名的「麵粉案」，以林頂立把農林公司的麵粉六千多包，數度賣給「非糧食業經營者」的親友圖利十多萬元，違反「糧食管理條例」，而判刑八年六個月入獄。

林頂立在獄中有一份手札，呈給張厲生轉呈蔣經國及陳誠的，除請罪外，解釋：「赴日迎接佛骨，與廖逆文毅面晤情事……三十六年八、九月間任台灣站長時，曾破獲廖逆文毅之偽台灣民主獨立黨，並逮捕其偽內政……教育……宣傳……財政部長，送交有關機關懲辦有案。由此可知與廖逆文毅實漢賊不兩立，豈有赴日時與之晤談之理。謹附上頂立赴日迎接佛骨時在日經過情形一份，敬請鑒核，伏請鈞座俯念頂立乃忠實黨員，過去對於三七五減租及耕者有其田政策均盡棉薄，且凡黨所給予之任務亦無不盡力以赴……」

照片一一八　林頂立

這樣，入獄二年後，民國四十七年，林頂立以高血壓為由保外就醫。隨即獲得全台第一張保險業執照，蔡萬春便與他合作，成立「國泰產物保險公司」，林頂立任第一任董事長，「國泰」兩字係由其命名，意國泰民安。之後的國泰人壽、國泰信託……

林頂立都當常務董事，成為「紅頂商人」。之後，因商場非其所長，而退居幕後，至退隱老家而終其一生。

再回頭看二二八期間，林頂立擔任軍統局台灣站長時的作為，在「國家安全局」檔案中，我們找到一份林頂立以台灣站的名義，化名「張秉承」，於「三十六年四月造報」呈給南京軍統局的「台灣二二八事件報告書」，共長一九八頁之多，內含三部分：

一、「概述」：總結二二八事件經過、遠因、近因。

二、「二二八事件各地叛亂記」：分述各地點情形。

三、「二二八事件叛逆名冊」：全台各地共列一、〇〇七人之多。（檔案彙編㈩，頁一至一九八）

在第一部分概述中，林頂立直言：「二二八事發……乃派許德輝同志出面，掌握台北二十二角落流氓首領、及一部分純良學生，指示方針，參加反間工作，出為鎮壓暴徒。」（同書頁三一四）

許德輝（一九〇七年生，化名高登進）便在林頂立指揮下，在台北市成立「忠義服務隊」，據許德輝在「台灣二二八事件反間工作報告書」（同書二〇三頁）中稱：

「三月一日晨，奉林站長令，召集台北市各角頭首領，當於中午十二時齊集林公館候命，並謁林站長聆訓指示機宜……三月二日午後，由林站長報告陳長官，准製發職員出入證二百五十號……將原有二十二角落成立為二十二分隊，直轄總隊部，每分隊暫編隊員十名及另設特務隊三十名，計二百五十名，開始維持秩序。」

此二百五十名忠義服務隊的工作，便是林頂立說的：「參加反間工作，出為鎮壓暴徒」，所謂「出為鎮壓暴徒」，在三月八日國軍登陸後，便成為密捕密裁台灣菁英及知識份子的告密者、帶路者、及捕殺者了。

請參閱十至十四章，有具體事證。

十六　台灣與中國（事變緣由）

壹、台灣與台灣人

台灣與中國同文、同種。同文，包括使用同一語文與共有同一文化等；同種，包括皮膚同一顏色與族群同一來源等。

直言之，台灣與中國都是使用漢文字，都是漢民族。

原住民比漢人早來台，但原住民沒有文字，沒有文字不成歷史，且原住民人數所佔比例太少，相對於人數多文化高的漢人，依人類進化原則，漢化是遲早的事。

因此代表台灣的是漢人。

台灣固然與大陸同文同種，但台灣與中國一直存在著「信任」與「不信任」的問題。

台灣有成群的漢人來是從海盜開始，海盜是從中國大陸的沿海各省來的，來的目的是躲避中國官府的追拿。因此台灣一開始就是漢人的海盜窩。

台灣是個島嶼，面積三萬六千平方公里，與中國大陸以台灣海峽相隔，海峽寬度僅一三五至二〇〇公里。

中國文獻上記載，有所謂秦代「瀛洲」，西漢「東鯷」，三國「夷洲」，隋、宋「琉求」……

等等說法，指的是否台灣，尚待考證。最近在台灣考古上發現的「長濱文化」、「大坌坑文化」、「圓山文化」、「卑南文化」、「十三行文化」……等等，更是人類有歷史之前的事，而有所謂台灣與大陸是否相連的推論，就是這「史前」的事。

這都是太遙遠的事。

在元朝，中國才正式在澎湖設官署，叫「巡檢司」，隸屬泉州府同安縣。時間一說一二八一年（世祖十八年），一說一三三五年（順帝元年）。惟當時的澎湖只是澎湖群島，不包括台灣島。

一直到明朝初期，鄭和在永樂年間（一四〇三—一四二三）下西洋找惠帝下落，才找到台灣來，依道光版《彰化縣誌》頁五一四記載：「明大監王三保航海到台，見番俗頑冥，棄藥於水，浴可已疾。」連橫在《台灣通史》亦記載：「明初，內未平，永樂中，太監鄭和舟下西洋，諸夷靡不貢獻，獨東番遠避不至，東番者，台灣之番也，和惡之，率師入台，東番降服。」

鄭和是否真的到台灣來，也引起史學家爭論，即使果真如上兩件文獻所言，則明初台灣島上仍是以番人為主，漢人不多，何況鄭和如真的來台，也不過曇花一現，台灣並未有文獻記載正式收入明朝版圖。

有明一朝，中國沿海及台灣海峽非常熱鬧，除海盜橫行外，日本「倭寇」入侵成了大患，西方的西班牙、葡萄牙、荷蘭等船隊又到了東方。海上貿易熱絡，更使海盜成為有利可圖，台灣的天險成為海盜的巢穴，部分漢人隨海盜到了台灣。

有資料記載的有：顏思齊、鄭芝龍等於一六二一年（明天啟元年）率船十三艘在笨港（今北港）登陸，來投靠者達三千餘人，並大肆在台灣中部的嘉義北港一帶從事農業墾殖，從此漢人來台者漸多，奠定漢人在台開發基礎，這是漢人大批集體移民台灣的第一次。（林再復，頁八）

三年後，一六二四年，荷蘭佔有台灣南部，一九二六年西班牙佔有台灣北部，十六年後一六四二年荷蘭趕走西班牙，總計荷蘭人佔有台灣達三十八年之久，到一六六二年才被鄭成功趕走。

荷蘭據台三十八年期間，為貿易及經濟利益，作了第二次漢人大量來台移民，根據一六三八年十二月二十二日巴達維亞總督的一份報告說：「在台灣的荷蘭人支配地區內，約有一萬至一萬一千名的漢人，從事捕鹿、種植稻米和甘蔗，以及捕魚等活動。」到一六六〇年代漢人在台可能達到三萬人至五萬人之間。荷蘭人不僅進口人，還特地從印度進口一百二十多頭牛，並成立「牛頭司」來繁殖及畜養牛，這是台灣農村水牛的由來。惟當時漢人人數仍比原住民少，原住民約有十五至二十萬人之間。（李筱峰，頁三一）

明鄭治台的二十一年（一六六二—八三），漢人隨軍來台的有十多萬人，這是漢人來台的第三次大移民。

這次移民的特點是，漢文化一齊輸入，也趕走了荷蘭異族文化，從此漢民族及漢文化成為台灣的主流。同時，原住民受到屠殺，據郁永河的《裨海紀遊》記載：「誅夷不遺赤子，田疇廬舍廢之。」

滿清治台有二一一年（一六八四—一八九五），惟就在一六八三年八月十八日滅明鄭時，清廷發生「台灣棄留論」，即分台灣放棄不要與保留兩派，連康熙皇帝都主張棄台，認為「台灣僅彈丸之地，得之無所加，不得無所損……裸體文身，不足共守，日費天府金錢而無益，不如徙其人而空其地矣」（清聖祖實錄選輯），最後結果以平台的施琅「留台論」得勝。他在「陳台灣棄留利害疏」中認為：「中國東南形勢在海而不在陸……台灣雖一島，實腹地數省之屏蔽……棄之必釀成大禍，留之誠永固邊疆。」惟這一爭論，使台灣延後八個月，在一六八四年四月才正式第一次入中國版圖，才設府、縣，歸福建省管轄。

清朝，漢人來台日多，住在平原的平埔原住民，在通婚，以及設社學、改風俗、賜姓氏三措施下，逐漸漢化，住在山地的高山原住民，也在開山撫番政策下，人數及地區日減。到一八九五年，台灣人口已達二百九十萬多人，其中絕大多數是漢人。

清朝初期的康熙、雍正、乾隆的百餘年間（一六八四—一七九五），是漢人移民台灣的最大量時期，也是第四次的大移民，人口數依一八一一年（嘉慶十六）調查，增加到二、〇〇三、八六一人之多，戶數有二四一、二一七戶，今日台灣漢人的祖先大多數是這個時期移入的，距今約二百至三百二十年間，以後陸續有大量整批移入，但以此時期為最大量，最可為代表。

最諷刺的是，此時期正是滿清禁止移民來台的時期，原來在一六八四年決定「留台」時，附帶頒布所謂「渡台移民三禁」，即：

㈠嚴禁無照渡台。

㈡渡台者一律不准攜帶家眷，既渡台者，也不准招致家眷。

㈢嚴禁潮惠客家人來台。清廷認為「粵地屢為海盜淵藪」。

此渡台三禁，到一七九〇年（乾隆五十五）才放鬆，到一八七五年（光緒元）才正式開禁。因之，此時期的移民大多數是偷渡。亦即，台灣漢人的祖先大多數是偷渡來台的。

偷渡要冒被捉回的風險，乘船過台灣海峽要冒黑水溝的風險，當時由於航海技術落後，過黑水溝有所謂「六死，三留，一回頭」諺語。

既渡來台，又要冒台灣到處瘴疫的惡劣環境，以及原住民出草殺人的風險。因之，又有「唐山過台灣，心肝結歸丸」的諺語出現。

有這麼多風險，仍出現偷渡的大移民潮，是什麼誘因呢?原因之一是大陸江南米價高漲，且大陸沿海人口多、耕地少，生存困難；原因之二是台灣當時地廣人稀，且生產豐富的稻米、糖、樟腦、鹿皮等經濟價值高的作物，自然吸引一批批的人潮來討生活。（請參閱拙著《吳郡山租館》乙書，有詳細分析資料）

這批渡台祖先的素質，自然不會很高，很多是家鄉有困難或無法待下去，才冒險出來一試的，清廷稱為「流寓」或「流民」，民間叫做「羅漢腳」。

羅漢腳來台初期，有年年春來耕作，秋收後，帶錢回大陸養家並過冬的；亦有年紀大後，便回大陸養老的。惟絕大多數都在台生根立業，最明顯的是與原住民結婚，由於原住民是母系社會，單身來台的羅漢腳入贅給原住民，並繼承其土地，開墾為耕地，成為互補性的天作之合。

高雄醫學院陳勝順教授以「人類淋巴球組織抗原」（簡稱 **HLA**）交叉比對，研究出現今台灣人的血源之謎：即現今台灣住民，有百分之八十八混有平埔族血統。

我們翻開「祖先」牌位來看，常發現某一代或好幾代的祖先，母系欄是空白的，只有父系欄，這母系空白就可能是母系原住民，因她沒有名字，或祖先不願把她放進去。俗語說的「只有唐山公，沒有唐山媽」就是這個現象。

我們的祖先的成份是這樣，你也不能要求他太高，在清朝領台二一一年間，社會治安是非常不良，共發生大小事件一七六次，計民變一一六次，械鬥六十次，其中較大者七十三次。因之，台灣社會又有所謂「三年一小反，五年一大亂」的諺語。

這個亂，不全是反政府，大多是民間自己在架鬥，有為了耕地糾紛而架鬥，有為了灌溉水源糾紛而架鬥，也有為了賭博糾紛而架鬥，也有偷豬偷牛而架鬥。架鬥的後果又常擴大到這個姓與那個姓的架鬥、這個村庄與那個村庄的架鬥，最嚴重的是引起這個族群與那個族群的集體械鬥，有所謂「閩粵械鬥」，即河洛人與客家人的械鬥；也有所謂「漳泉拼」，即漳州人與泉州人的拼鬥；也有漳州人聯合客家人與人數多的泉州人拼鬥。這種集體族群械鬥不是一下子就結束，有的延續好幾年，且有傳染性，往往蔓延到各地。

這種分類械鬥較大較有名的例子有：

㈠一七五〇年（乾隆十五）嘉義李光顯事件，雙方因爭奪墾地而衝突。

㈡一七八二年（乾隆四十七）彰化刺桐腳因賭錢口角，發生漳泉大械鬥，清廷調兵渡台才平息。

㈢一七九七年（嘉慶二）吳沙死後因土地分配問題，爆發宜蘭的漳、泉、客三類大械鬥。

(四)一八〇六年（嘉慶十一）漳州籍民兵在鹿港與泉州籍轎夫發生衝突，演成大規模械鬥。

(五)一八〇九年（嘉慶十四）大甲溪泉州人搶割漳州農民稻穀，引發漳泉械鬥。

(六)一八一五年（嘉慶二十）台南大西門外挑夫，因爭地盤，引起械鬥。

(七)一八三〇年（道光十）宜蘭挑伕林瓶等糾股鬥毆，引發兩挑伕行械鬥。

(八)一八五三年（咸豐三）淡水河碼頭因挑夫口角，引發泉州人內部頂下郊拼。艋舺屢遭戰火，一部泉州人出走，在北邊平原另建新聚落大稻埕，大稻埕港漸漸取代被泥沙淤塞的艋舺，成為商業及貿易中心。

(九)一八五九年（咸豐九）台北發生漳泉拼，加蚋庄被毀。

(十)一八六〇年（同治元）西螺的廖姓，與崙背、二崙的李姓、鍾姓，因李姓放馬吃廖姓稻穀，引起三姓械鬥，歷時三年。

族群集體械鬥的後遺症無窮，最嚴重的是「清界」，即在其界線內的其他族群，只有移走，不移走的都會被殺掉，因之，整個家戶被滅，整個村庄被毀的現象，時有發生。結果形成台灣島內族群大遷移的板塊組合，如泉州人人數最眾，佔有港口海岸平原耕地；漳州人次之，佔有內地平原耕地；客家人最寡，往山丘遷移。因之，今日台灣族群分布狀況，不全是自然的組合，大部分是生存競爭的結果。

這種漢人在台灣的卡位搶地盤的現象，在清朝中葉以後已定型。大規模族群械鬥在朝廷介入下，在清末也已減緩。

惟民間治安，在有清一朝，始終不良，盜賊土匪橫行鄉里，民眾無不聞之色變。台灣被朝廷形容為為化外之地，台灣人是「化外之民」，直言之，是沒有教化的人，不全是沒有道理的，台灣就在這理由之下，在甲午敗戰後，於一八九五年割讓給日本。

日本治台五十年間（一八九五—一九四五），在日本已因維新成功接受西方法政理念，以及施行軍國主義政策，不容許台灣人這種亂象繼續下去。

首先日本在台灣進行人口調查、土地調查、宗教調查及舊慣調查等，建立完整的戶籍、地籍等資料，同時作衛生醫療建設、都市計畫建設、道路鐵路交通網建設、警察制度建立、地方行政組織建立等等，將台灣置於嚴密控制之下。

並且在前二十年間（一八九五—一九一五）消滅全台所有民間武力抗爭，如：

㈠台灣民主國事件：一八九五年五月十六日成立台灣民主國，五月二十九日日軍登陸，六月四日總統唐景崧首先由淡水不戰逃走，日軍從容地在辜顯榮帶領下，於六月十四日進台北城，隨後日軍南下，副總統兼義軍統領丘逢甲第二個未戰，就從梧棲逃走，十月二十日守將劉永福也由台南第三個未戰就逃走。這個號稱亞洲第一個民主國，僅支撐五個月。

反而民間的簡大獅、柯鐵虎、林少貓在北中南繼續作游擊戰。

㈡北部簡大獅事件：一八九五至九八年間，在北部打游擊戰，先後攻打宜蘭、金包里、台北、淡水、松山、三峽、金山等地。

㈢中部柯鐵虎事件：一八九五至一九〇二年間，在中部打游擊戰，先後攻打南投、集集、斗

六、鹿港等地，以大坪頂山區為基地。

㈣南部林少貓事件：一八九五至一九〇二年間，在南部打游擊戰，先後攻大埔、鳳山、嘉義、屏東、潮州、大目降、恒春、朴子等地。以背域的山區為基地。

㈤北埔事件：一九〇七年十一月十四日由蔡清琳率隘勇及山地人，攻擊隘寮及北埔支廳。

㈥林杞埔事件：一九一二年三月二十三日，竹山人民因竹林地被官有化後放領給三菱公司，影響生計，由劉乾領導攻擊頂林派出所。

㈦苗栗事件：一九一二至一九一三年間，受中國革命成功影響發生多起抗日事件，如羅福星事件、關帝廳事件、東勢角事件、大湖事件、南投事件等，合稱苗栗事件，一九一四年二月日人逮捕參與各事件黨徒五三五人，開臨時法庭，判死刑二十名，有期徒刑二三五名。

㈧六甲事件：一九一四年五月七日羅臭頭率眾攻六甲支廳，被捕百餘人，判死刑八名，無期徒刑十名，有期徒刑四名。

㈨余清芳事件：一九一五年八月五日余清芳、江定、羅俊等人率眾攻擊台南噍吧年街（今玉井鄉），戰死三一七人，被捕一、九五七人，日本特為此召開臨時法庭審理，被判死刑者共八六六人，由於人數過多，引起日本國內議會注意及爭論，又適逢日皇大正登基，便發布大赦令，除已處決九十五名外，其餘七七一名減刑為無期徒刑，其他徒刑者亦一律減刑。

余清芳事件，又稱噍吧年事件或西來庵事件，是未曾有的最大刑案，從此台灣民間武裝抗日結束，轉為非武力的文抗請願活動，一直到一九三〇年霧社事件發生，十五年間未再有武抗，甚至霧社事件之後的十五年也未再有武抗。

換言之，台灣治安從一九一五年余清芳事件後，在日警高壓之下，獲得幾百年來未曾有的改善，民間盜賊土匪幾銷聲匿跡，連哄小孩哭，說聲警察來了，都有效。

台灣人從此受近代化教育，守法的觀念逐漸建立，連說謊話都要怕被警察修理，法官威信亦建立，說法官不清廉沒有人會相信，法官的清白就如皇后的貞操，不容許懷疑。官員沒有貪污，過年過節只有長官來慰勞部下，送禮物給部下，沒有部下送禮給長官的，偶而部下送土產給長官，長官無不回送高過土產價值的禮物給部下的。

部下接受上級交付的任務，無不視為光榮的事，無不盡心力去完成，一個工程師建水壩、河堤、橋樑或建築物，無不以生命來設計、監造，發生毛病或不能完成，視為奇恥大辱，嚴重者以自裁謝罪，因之，偷工減料的工程，不會發生，貪贓枉法的事更不會發生。

這是台灣人五十年來接受的日治教化。台灣人從此脫胎換骨，由「化外之民」變成「教化之民」。

台灣人口，亦由一八九五年的二百九十萬人，增加到一九四五年的六百萬人。且受教育的普及率居全中國各省之冠。（見表十四、十五）

台灣人在戰後，回歸中國，已五十多年了，很多人還在懷念日治五十年的種種，不是沒有原因的。

二二八就是這樣發生的。

貳、中國與中國人

中國雄踞東亞，自認居世界中心，而稱中國。

中國號稱禮儀之邦，文明古國，對四鄰指之為蠻夷，稱東夷、西狄、北胡、南蠻等。

中國文明發源於黃河流域，此與埃及文明發源於尼羅河流域、印度文明發源於恒河流域，巴比倫文明發源於兩河流域（幼發拉底河及底格里斯河），有異曲同工、相互映輝之處。

在黃河流域的中國人，首先發明文字，記載了人類活動的種種，而有了歷史，產生了文明。

中國的文明在商朝已成形，在周朝集大成，尤其在周朝末期的春秋戰國時期，由於政治上朝廷式微，地方諸國群雄並起，互爭短長，進而人民思想自由，百家爭鳴，有機會相互激盪的結果，產生了許許多多偉大的思想及思想家，如：

一、儒家：孔子、孟子、荀子等人

△孔子：創儒家，以仁為中心，主張忠恕之道、有教無類，被尊為至聖先師。

△孟子：主張人性本善，力倡民為貴、社稷次之、君為輕，孔子言仁，而孟子言義，荀子言禮。

△荀子：主張人性本惡，惟用禮義來教化，可以矯正人心性惡。

二、道家：老子、莊子、列子等人

△老子：創道家，主張無為而治，崇尚自然。

△莊子：同老子。

△列子：同老子。

三、法家：韓非子、商鞅、申不害、慎到、管子等人

△韓非子：創法家，崇尚法治，主張變法維新、富國強兵，重法、術、勢。其立足點是人性惡，須用法來治理，法是一切的最高準則。

△商鞅：言法。

△申不害：言術。

△慎到：言勢。

△管子：同韓非子。

四、墨家：墨子等人

△墨子：創墨家，主張兼愛、非攻，兼愛即博愛，不同於仁愛；非攻是反對大國攻伐小國，大家攻伐小家。

五、名家：惠子、公孫龍等人

△惠子：創名家，提二十一辯，如卵有毛、雞三足、馬有卵、目不見、狗非犬、白狗黑……等，為中國辯論學之始。

六、陰陽家：騶衍等人

△騶衍：創陰陽家，其貢獻為，用五行解釋歷史盛衰，用推理判斷地理大小。

七、其他：不創家者，如告子、楊朱等人

△告子：主張人性無分善與不善，猶水之無分東西。性是一種自然現象，不屬善惡價值範圍，如食、色性也。

△楊朱：主張貴己，即一切以自我為中心，如孟子言：楊子取為我，拔一毛而利天下，不為也。惟楊子的思想當時很流行，孟子稱：天下之言不歸楊，即歸墨。

這種儒家、道家、法家、墨家、名家、陰陽家……等等百家爭鳴的現象，諸子的思想各自發揚的結果，使春秋戰國成為中國人思想上最自由、最輝煌、最豐富的時期。

惟好景不常，自秦統一中國後，一直到清朝為止，中國都實行大一統的政治、家天下的政治，二千年來，中國人所爭的不過是皇帝這個位子，皇帝之下都是奴才，中國人變得沒有自由，在思想上沒有活力。

什麼「民為貴、社稷次之、君為輕」的中國最寶貴的民本思想，沒有了。君權專制取而代之，中國人所看到的不過是一個皇帝換過一個皇帝，一個朝代換過一個朝代，最明顯的例子是，二千年來再也沒有產生偉大的思想家。

這種大一統的君權專制體制，到滿清時最為利害，自然也產生最大的腐化。其腐化的程度，名教育家蔣夢麟在名著《西潮》中有驚人的透視，節錄書中〈第五部中國生活面面觀—第二十一章陋規制度〉其文如后（頁一五九起），以饗讀者：

「凡是親見清室覆亡的人都知道：滿清政府失敗的主要原因之一就是財政制度的腐敗。公務人員的薪水祇是點綴品，實際上全靠陋規來維持。陋規是不公開的公家收支，為政府及社會所默認的。以現在用語來說，好像我們大家所稱的黑市。這種辦法削弱了公務人員的公德心，也使他們把不規矩的收入看成理所當然的事。清廷對官吏的這種收入視若當然，常說『規矩如此』，竟把陋規變成規矩了。這些官吏對下屬營私舞弊也就開隻眼閉隻眼。如果拿一棵樹來比喻政府的話，這種陋規的毒汁可以說已經流遍樹上的每一枝葉，每一根芽。

政府祇要求收稅機關向國庫繳納定額的稅款。主持稅收的官吏可以利用各式各樣的藉口和理由，在正規賦稅之外加徵各種規費。這樣一來，如果有一兩銀子到了國庫，至少也另有一兩銀子成了陋規金。在滿清末年，『漏』入私人腰包的錢遠較繳入國庫的錢為多。清廷需用浩繁，只好一味向官吏需索。官吏向民間收括，結果官場陋規愈來愈重。乾隆皇帝幾次下江南，開支浩大，都靠官吏孝敬，民間收括而來，清代在乾隆朝為極盛時代，而衰運亦在此時開始。

所謂陋規制度究竟是怎麼一種辦法呢？中國當時分為二十二省，大約包括兩千個縣。縣的行政首長是知縣，他不但掌管一縣的財政，同時還是一縣的司法官。他的薪水每月不過數兩銀子，簡直微不足道。因此他的一切費用都只能在陋規金上開支。如果上級官員經過他那一縣，他除了負責招待之外，還得供應旅途一切需用財物。對於上級官員的隨員也得送『禮』，所謂『禮』通常都是送的錢。

我故鄉餘姚城外的姚江岸上有一座接官亭，這是各縣都有的。如果有上級官員過境，知縣就在這裡迎候。大約六十年前的一個下午，我發現亭子附近聚了一大堆人。我趕過去一看，原來是大家在觀望學台和他的隨行人員紛紛下船；有些上岸。這位學台正預備去寧波主持郡試。前一日，知縣已經從老百姓手中『抓』去好幾條大船，那條專為這位學台預備的船上，裝了好幾隻加封條的箱子。至於箱子裡面裝些什麼，自然祇有經手的人才知道了。

我遙望著學台等一行換了船，學台踏上最華麗的一隻，隨後這支載著官吏和陋規禮金的小型艦隊，就揚帆順著退潮駛往寧波去了。那種氣派使我頓生『大丈夫當如是也』的感觸。我心裡說從今以後一定要用功讀書，以便將來有一天也當起學台，享受封藏在箱子裡面的神祕禮物。

知縣還得經常給藩台的幕僚送禮，否則他就別想他們給他在藩台面前說好話；如果搞得不好，這些師爺們還可能在公事上吹毛求疵呢。各種禮金加起來，一個知縣為保宦海一帆風順所化的錢就很可觀了。同時人情世故也告訴他必須未雨綢繆，何況他還得養活一家大小以及跟隨他的一班人呢！

有靠山的候補知縣無不垂涎收入比較大的縣份。以我的故鄉餘姚縣而論，就我所能記憶的沒有一個知縣在我們的縣裡任職一年以上。正常的任期是三年，一位知縣如果當上三年，大概可以搜括到十萬元釘鐺作響的銀洋。這在當時是很大的數目。因此藩台衹派些代理知縣，任期通常一年。這樣一來，候補知縣們的分肥機會也就比較多了。

知縣任滿離職時，通常都得正式拜望藩台一次，藩台總要問一聲他的缺好不好。當時對於所補的職位叫做缺，也就是等於問他得到了多少陋規金，他的親戚朋友與他談話，也常常以同樣的問題做開場白，說『老兄你的缺想必很好罷』。

經手政府收入的官吏，官階愈高，『漏』入他私人腰包的數目也愈大。據說上海道台每年可以獲利十萬兩銀子。所以上海道的缺，是全國道缺中最肥的。富庶省份的藩台、督撫以及北京有勢力的王公大臣，每年的收入也都很可觀。

連平定太平天國之亂的學者政治家曾國藩也贊成陋規制度。他曾在一封信裡為陋規制度辯護，認為要順利推行政務，就不得不如此；他說一個官吏的必要開支太大，而且還得贍養一家和親戚。

變相的陋規惡習甚至流布於小康之家，廚子買菜時要揩油，僕人購買家用雜物時也要撈一筆。尤其在北平，僕人們來買東西時，商店照規矩會自動把價格提高一成，作為僕人們的佣金，這在北平通俗叫做『底子錢』。

這種變相的陋規之風甚至吹到外國而進入拿破崙的家裡。拿破崙有個中國廚子，服務週到而熱心。這位偉大的法國將軍臨死時記起他的忠僕，就吩咐他的左右說：『你們要好好地待他，因為他的國家將來是要成為世界上最偉大的國家之一的。不過這位中國朋友很愛錢的，你們給他五百法郎罷！』

辛亥革命以後，陋規制度逐漸被戢止，釐金制度亦於稍後廢止。官吏的薪俸也提高了。但是貪污案件還是屢見不鮮。

我們中國人一向相信人之初性本善，認為邪惡的產生祇是缺乏正當的教育而使善良的本性湮沒。中國社會風氣的敗壞導源於腐朽的財政制度，而非缺乏責任感。但是這種制度對社會風氣產生極大的不良影響，因此我們迄今仍蒙受其遺毒。」

台灣在清領二一一年中（一六八四－一八九五），也全盤接受這些中國陋規惡習。

在台灣民間，常看到有名望人家的家祠家屋，屋頂有翹脊燕尾，這是做過官的才有，而台灣的官位很多是用錢捐來的，這種捐官，文官可捐至四品道府以下（京官除外），武官可捐至三品參將、游擊以下。捐官又可分捐虛官與捐實官兩種，兩者的價碼不同，捐實官一般為捐虛官的一倍。

以下為捐實官的價碼：

文職：道員一三、一二〇兩　知縣三、七〇〇兩

知府一〇、六四〇兩　州知一、三七〇兩

同知五、四六〇兩　州判一、一二〇兩

知州四、八二〇兩　　縣丞七八〇兩
縣主簿四八〇兩　　州吏目二九〇兩
武職：參將七、六四〇兩　　衛千總六七〇兩
游擊五、九一〇兩　　營千總五六〇兩
都司三、六〇〇兩　　把總三四〇兩
營守備二、一六〇兩

捐實官要先捐監，取得資格，有實缺再上任，台灣一般有錢人大都捐虛官，即取得官銜並不上任，而光宗耀祖一番。

官位因可用錢來買，官聲自然不會好，貪官自然不稀奇，台灣人對官員的看法，從下列罵語可知一二：

△「官不驚你窮，鬼不驚你瘦」。

△「一世官，三世絕」。

△「一世官、九世牛、三世寡婦」。

△「交官窮，交鬼死；交好額做乞丐，交官差吃了米」。

台灣在日治五十年中，這種陋規消滅了，如前節所述。

戰後，台灣回歸中國，中國的種種陋規，又全本搬到台灣來上演。才演出一年四個月，台灣人就實在看不下去了，藉緝煙血案芝麻小事，爆發了台灣史上最大的民變。

台灣人對中國並沒有仇恨，台灣人也是快快樂樂的回歸中國，台灣人也組盛大的隊伍來歡迎中國人來到。

可是，中國並不信任台灣，中國人並不信任台灣人。

台灣有受現代化教育的各種知識人才，經過五十年才培養出來的有用人才，中國都不信任。台灣人才中，有留美博士、留日博士，有大學文科、法科、理科、商科及醫科的各種高級知識人才，中國都看不上眼。（見表十四）

台灣人受教育的普及率及平均程度，比中國各省都來得高，中國也都不考量。（表十五）

一九四五年中國來到台灣，中國人以統治者的姿態來到台灣，在新成立的政府「台灣省行政長官公署」中，其決策人員及一級單位主管，沒有一位台灣人，如包括行政長官、祕書長、處長、副處長、主任祕書共二十一人，也只有一位台灣人的教育處副處長宋斐如，且是半山，二二八前也去職（見表十六）。

在全省十七位縣市長中，只有三位台灣人，也都是半山，計台北市長黃朝琴、新竹縣長劉啟光及高雄縣長謝東閔（見表十七）。之後，人員有變動，又多了一位高雄市長黃仲圖（原是連謀），但也只是四位半山。

在中級官員上，包括祕書、專員、科長、視察、主任、股長等總共三二七名中，台灣人只有二十位，計七名專員、七名股長及六名視察，比例為百分之六點一二。（見表十八）

其他學校、法院、省營事業單位等，都是如此，且中國人的首長無不牽親引戚，如農林處檢驗

表十四：日據五十年台灣受教育人數表

單位：人

	校名	人數	總計
大學畢業		七八六	七八六
專校畢業	台中農專	六八四	七、二四五
	台南工專	七二八	
	台北經濟專門學校	八六六	
	台北醫專	四、九六七	
師範畢業		一八、九一二	一八、九一二
中學畢業	台北高等學校	二、一五八	一七四、四四九
	台北帝大預科	一六一	
	普通中學	七〇、六八八	
	高女子中學	四七、〇八七	
	普通農林學校	二五、七六一	
	工業學校	一二、四九三	
	商業學校	一五、八二四	
	水產學校	二七七	

註：總計日據五十年間台灣受教育人口總數為二〇一、三九二人。

資料來源：台灣省政府主計處。

轉引自：發現台灣，天下雜誌，民國八十年十一月十八日出版，頁二四八。

表十五：台灣與大陸教育普及率比較表

單位：百分比

時間＼地區	台灣	大陸
一九二九	三一・一	一七・一
一九三〇	三三・一	二二・一
一九三一	三四・一	二二・二
一九三二	三四・一	二四・八
一九三三	三五・九	二四・八
一九三四	三九・三	二六・三
一九三五	四一・五	二五・九
一九三六	四三・八	四三・四
一九三七	四六・七	
一九三八	四九・八	
一九三九	五三・二	
一九四〇	五七・六	
一九四一	六一・六	四四・〇
一九四二	六五・八	五七・五
一九四三	七一・三	六二・〇
一九四四	七六・〇	六〇・〇
一九四五	八〇・〇	六一・〇

資料來源：李筱峰，頁九二。

局局長葉聲鍾，把一位具有十多年經驗的技正范錦堂弄走，以自己江蘇籍二房姨太太謝吟秋來補技正缺；如台中法院大部分職員為該院長的親戚：即院長妻舅之子三人、妻舅之女婿一人、妻舅之外孫一人、妻弟一人及遠親近戚共二十餘人，佔全法院職員五十人之過半數；如高雄市長連謀、大量起用同鄉惠安縣人擔任要職，被參議員郭國基質詢：「高雄市政府是不是已經成了惠安縣的殖民地呢？」……諸如此類，不勝枚舉。

台灣人除半山外，只能擔任低職。（見表十九）即使是半山，也只是花瓶，並無決策權。

更有甚者，台灣人的薪水，只有中國人的一半，行政人員、學校教職員、記者、事業單位人員都如此，同工不同酬。

中國人到台灣，佔高位領高薪，知識水平未必比台灣人高，如能好好幹也許能混得過去，無如他們到台後，把中國的陋規全帶了過來，接收後不久，貪污舞弊案件層出不窮，重大者，如嘉義化學工廠貪污案，數額在國幣二億元以上，

表十六：台灣行政長官公署一級主管省籍分析表

職稱	人數	
	外省	本省
行政長官	一	○
祕書長	一	○
處長	八	○
副處長	二	一
主任祕書	八	○
合計	二○	一

資料來源：李筱峰，台灣戰後初期的民意代表，台北，自立晚報，民國七十五年二月初版，頁一八四。

貿易局官商勾結弊案，數額近一億元，台北市教育界弊案，數額在一千萬元以上……諸如此類，也不勝枚舉。

中國的接收台灣，成了「劫收」台灣，不久，許多中國人無不五子登科：位子、房子、金子、車子及女子都有了，許多中國人從此奢靡，過燈紅酒綠、招搖市井、欺侮百姓的生活，這種貪污加腐化加奢靡的中國人，看在台灣人眼裡，心裡無不涼了半截，無不「從希望轉為失望，從失望轉為絕望，從絕望轉為憤怒」，從此看不起中國人，鄙視中國人，討厭中國人。

表十七：台灣行政長官公署所屬各級行政首長一覽表

	機關名稱	主管長官
本公署名單位	行政長官公署	行政長官 陳儀；祕書長 葛敬恩
	祕書處	處長（前處長兼代）；副處長 馬咸
	民政處	處長 周一鶚；副處長 高良佐
	教育處	處長 范壽康；▲副處長 宋斐如
	財政處	處長 張延哲
	農林處	處長 趙連芳
	工礦處	處長 包可永
	交通處	處長 嚴家淦
	警務處	處長 胡福相；副處長 楊錦標
	會計處	會計長 王肇嘉
	法制委員會	主任委員 方學李
	宣傳委員會	主任委員 夏濤聲
	機要室	主任 樓文釗
	人事室	主任 張國鍵
直屬各機關	圖書館	館長（兼）范壽康
	博物館	館長 陳兼善
	專賣局	局長 任維鈞
	貿易局	局長 于百溪
	糧食局	局長 吳長濤
	氣象局	局長 石延漢
	台灣銀行	主任監理委員 張武
	農業試驗所	所長（兼）趙連芳
	林業試驗所	所長 林渭訪
	糖業試驗所	所長 盧守耕
	工業研究所	所長 陳華洲
	地質調查所	所長 畢慶昌
	省立台北保健館	▲主任 王耀東
	水產試驗所	所長 李兆輝
	天然瓦斯研究所	▲所長 陳尚文
	熱帶醫學研究所	所長
縣市政府	台北市政府	▲市長 黃朝琴
	台南市政府	市長 韓聯和
	台中市政府	市長 黃克立
	高雄市政府	市長 連謀
	基隆市政府	市長 石延漢
	新竹市政府	市長 郭紹宗
	嘉義市政府	市長 陳東生
	彰化市政府	市長 王一麐
	屏東市政府	市長 龔履端
	台北縣政府	縣長 陸桂祥
	台中縣政府	縣長 劉存忠
	台東縣政府	縣長 謝真
	新竹縣政府	▲縣長 劉啟光
	澎湖縣政府	縣長 傅緯武
	台南縣政府	縣長 袁國欽
	高雄縣政府	▲縣長 謝東閔
	花蓮縣政府	縣長 張文成

資料來源：台灣省行政長官公署二月來工作概要，台北，民國三十五年一月出版，頁六～七。

註：▲表示台籍人士

表十八：台省行政長官公署高級官員省籍分析表

職稱／機構	秘書		專員		科長		股長		視察		主任	
	外省	本省	外省	本省	外省	本省	外省	本省	外省	本省	外省	本省
祕書處	二	〇	九	二	二	〇	九	〇			三	〇
民政處	三	〇	九	二	四	〇	一三	〇	六	〇	一	〇
教育處	三	〇			二	〇	一三	一	一二	三	三	〇
財政處	一	〇	七	〇	六	〇	一七	三	一〇	〇	二	〇
農林處	一	〇	三一	三	八	〇			一	〇	二	〇
工礦處	二	〇	一〇	〇	四	〇	一〇	一			一	〇
交通處	二	〇	一〇	〇			六	〇	一〇	〇	三	〇
警務處	三	〇	一	〇	四	〇	二〇	二	一七	〇	一	〇
會計處		〇	三	〇	三	〇	七	〇		三		
合計	一七	〇	八〇	七	三三	〇	九五	七	五六	六	一六	〇

表十九：台灣行政長官公署（和省政府）及其所屬機關職員之籍貫及職別分析表（民國三十五年十一月～三十六年九月）

職等＼時間＼籍別	三十五年十一月止① 本省籍	三十五年十一月止① 外省籍	三十五年十一月止① 外國籍	三十六年六月止② 本省籍	三十六年六月止② 外省籍	三十六年六月止② 外國籍	三十六年九月止③ 本省籍	三十六年九月止③ 外省籍	三十六年九月止③ 外國籍
特任（人）		一			一			一	
特任待遇（人）		二			二				
簡任（人）	一三	二〇二		一〇	一九九		一九	二二四	
簡任待遇（人）	二四	二〇四		二五	二三三		二三	二三四	
薦任（人）	三一九	一、三八五		三三六	一、四六一		四五三	一、五三六	
薦任待遇（人）	四八七	九五一		五六〇	一、一一五		六二一	一、一六八	
聘任（人）	一〇、一〇九	二、〇三二		一、一一五	二、〇一五		一三、八九九	二、五九四	
委任（人）	九、〇七九	四、八六八		九、三一六	五、〇七三		一〇、六三三	五、二七八	
委任待遇（人）	五、九二六	一、五四二		六、三九一	一、八一六		七、五二一	七五三	
雇用（人）	一三、九〇五	七九六		一三、二七七	七一五		一一、九〇八		
徵用（人）			九二九			九二九		一、八二六	二〇五
未詳（人）	一、六六〇	二、〇〇〇	五	一、五九六	一、八九四	五	一、六四三	一五、八七五	四
總計（人）	四〇、五二一	一三、九七二	九三四	三一、六二六	一四、五二四	九三四	四五、六九八	二九、四八九	二〇九

註：學校教職員均列入聘任欄中；聘派人員、公營事業機關人員及校長均按其薪俸列入相當待遇欄中；外國人中，日人有九二九人，其餘五人為其他國籍，至於三十六年十一月之二〇九人中，日人有二〇五人。

資料來源：①台灣省行政紀要（國民政府年鑑台灣省行政部分），台灣省政府統計處出版，民國三十五年，頁一五。

②人事處工作報告，台灣省政府施政報告，民國三十六年六月，頁二九〇。

③人事處施政報告，台灣省政府施政報告，民國三十六年十一月，頁六五－二六六。（十一月報告，用九月份資料）

轉引自：湯熙勇，台灣光復初期的公教人員任用及其相關問題（台北，中研院中山社科所，未刊稿），頁二七。

這種現象，「旅平津三團體」三月十九日在北平聯合記者會中，有如下一針見血的說明：（文獻補錄，頁六九九）

問：「台省此次事件的遠因如何？」

答：「台灣自光復以後，生產停頓，工廠閉鎖，失業者已逾七十萬人，物價猛漲，如人民主要食糧之米即自每斤五角漲至三十六元一斤，況且時常發生青黃不接之奇現象。台省以米產著名，今竟鬧糧荒，此實人民所最難堪者，其他生活必需品亦皆仰賴上海，價格遠超國內，人民之生活已無可低，全家自殺悲劇，時有所聞。他如台灣省土地百分之七十皆操于公署之手，人民無法問津，因而農民既無地可耕，又無工可作，（按台灣為一糖業王國，今開工者寥寥無幾，於是農民之副業遂盡失）其生活之慘，當可想見。一面貪官污吏橫行，使人們看不起政府，從而看不起所謂外省人，到處流行天地歌，則『轟炸驚天動地，光復歡天喜地，接收花天酒地，政治黑天暗地，人民呼天喚地』。教育方面則由百分之九十五的就學率降低到百分之六十以下，讓千萬兒童失學！總之是經濟政治社會建設官紀等的全部破產有以致之。」（表二十）

二二八事件就是這樣發生的。

二二八事件一發生，全省蜂起，最大特色是毆打外省人，不是沒有緣由的。

二二八事件中，中國軍憲警特，因外省人被毆打，而採取報復性手段，來槍殺台灣人，加深台灣人對中國人的心理怨恨。

一九四九年中華民國政府大陸失守，撤退來台，中國人對台灣人的不信任，仍然不變。

中國人撤退來台的人數，包括幾十萬大軍在內，號稱有一百多萬人，仍然無視於台灣人的六百萬人口的多數。（一九五一年台灣總人口數七八六萬九、二四七人）

中國人仍然沒有在二二八事件中學到教訓。

表二十：事變前物價上漲表

單位：台幣（元）

種類＼時間	一九四六年一月	一九四七年二月	上漲倍數
陰丹布（尺）	六・三〇	三二・三三	四・一三
香煙（十支）	一二・一六	七四・五〇	五・一三
茶葉（斤）	四〇・〇〇	一二三・三三	二・〇八
白糖（斤）	一・〇〇	九・〇〇	八
鹽（斤）	二八・〇〇	一三六・〇〇	四・五
花生油（斤）	〇・七五	一四・〇〇	一七・六六
雞蛋（個）	三・五〇	七四・〇〇	二〇・一四
豬肉（斤）	一〇・一六	一〇六・〇〇	九・四三
麵粉（斤）	四・〇〇	八・〇〇	一
大米（斤）	二〇・五〇	一二〇・〇〇	四・八五

資料來源：監察院檔案，李筱峰，頁六〇。

◀照片一一九　慶祝台灣光復

▶照片一二〇　轟炸後總督府

照片一二一　一九四九年撤退來台

李萬居在一九五九年臨時省議會中就質詢點出：

「以今日自由中國的人口來說，當然台灣人佔最大多數，不過，在軍政界各方面的首長由台灣人擔任的，真可說鳳毛麟角。比如中央各部會首長沒有一個是本省人，七任的省府首長也沒有一個本省人……全省警察局長二十二名，本省籍的僅僅一名，分局長一一六名，本省籍僅有六名，副分局長現在四十八名，本省人連一名都沒有。就這些比例看，實在不大像樣。」（台灣省臨時省議會一九五九，頁八二一）

這種現象，一直到一九七二年五月蔣經國組閣，才慢慢有些許改善，台灣人也只能當到副手，以及內政部長、交通部長、省主席等職，重要的國防、外交、財經、警特……等主管，仍無緣參與。

台灣人大多數仍以擔任低階為多，升遷無不比中國人為慢為低。

一直到一九八八年元月十三日蔣經國病逝，台灣人的李登輝意外的補上總統職位，台灣人才慢慢擔任國家決策性職務。

惟，就在這五十年間，中國的陋規惡習，搬上了台灣舞台，許多台灣人染上了全套中國人的陋規惡習，清朝時官可以用錢來捐，現在台灣的官位，也可以用錢來買，請看：

台灣幾十年的選舉，無論立委、國代、監委、省議員、縣市議員、鄉鎮民代表等民意代表職務，或是縣市長、鄉鎮長、村里長的地方首長職務，除極少數人外，無不用錢向選民一票一票買來的，其他人民團體的農會、漁會、水利會……等等，也無不如法炮製。

這些民選的民意代表，從中央到地方，因有審查政府預算權，在審預算時，無不瓜分預算，分贓經費，並透過各種方式，包攬經費中的工程、物品採購，而獲取利益，中飽私囊。官員如有不從或異議，便透過質詢權，處處為難，一直到順從其意圖為止；再不從便只有以配合不良而去職，換配合的人來做。如此劣幣驅逐良幣，官場上儘是諾諾之聲。

這些民選的政府首長，以縣市長、鄉鎮市長這兩層為例，這些地方首長因掌握經費執行權，在工程方面從設計、發包、驗收、付款均由首長一手包辦，無不在選舉時就有廠商與財團投資，當選後就由這些廠商與財團在幕後操控，做官商利益輸送的行為。在物品採購上亦然。地方首長又有人事任用權，他可以隨時隨意把部屬調動，如他可以在同官等內任意升降部屬，如八、九職等主管可降調六職等非主管，同理六職等非主管可升調九職等或八職等主管。又如他可以在同機關內滿兩年的部屬任意調動專長，即甲專長可調為乙專長丙專長等。而這種升降調動及專長調動都不須部屬當事人同意，首長可以憑其利益、感覺來做人事異動，美其名是任務需要，實則泰半是利益上的個人考量。而其中產生最大的弊病是，人事任用有價碼，無論升主管、調高缺、或新進人員都得先談好價碼，有些還在選舉時就先押進。首長可任意任用人事，便自然在涉及金錢的職務上動手腳，無不任意任用聽話的人來配合，一起來做官商勾結行為，其貪贓犯行，就如前高雄市長謝長廷說的：「就連買一根原子筆，都有回扣」，其他可想而知。而他們的理由也很簡單，選票是用錢買的，任內當然要撈回來。大多數民選公職人員的心態，基本上是如此，官聲自然不會好。

中央這一層級如何呢？基本上中央政府的制度是集權制，依中華民國憲法規定，總統一職，集大權於一身，又不必負責，也無制衡的機構與人員，跟皇帝沒兩樣，名義上要順從民意，但民意無不受總統操縱，這套憲法設計，就是中國全套陋規惡習的集大成，不幸也搬到台灣來，幾十年成為獨裁之源、貪贓之源、腐敗之源、恐怖之源。幾十年來，無數次的增修憲法，無不往個人集權的方向修，哪一次是站在台灣人全體人民的立場來修的呢？

在司法系統上亦好不到哪裡，「法院是執政黨開的」是前考試院長許水德的不當名言，但民間的認知確實如此。法院的推事與檢察處的檢察官，他們都無法做到「皇后的貞操，不容懷疑」的地步，在日本、英國說法官拿紅包，人民沒有人會相信，在台灣說法官清廉也沒有人會相信，差別就在這裡，因為幾十年下來，行政最高當局一直都利用司法系統壓迫人民，司法成為最高統治者的工具，無法獨立行使職權。法官的人事升降異動也都由掌權者在控制，不聽話的法官，想獨立行使職權的法官，其下場與行政人員一樣，都在劣幣驅逐良幣的框框內。

其他教育人員、警察人員、軍職人員……等等，莫不如此。

台灣的官場陋規惡習，無論立法系統、行政系統、司法系統……都是如此，所謂文官中立的制度，遭到無情的摧殘與破壞，文官基本的倫理與人格蕩然無存，依法行政空為美談。

台灣官場陋規如此，民間呢，請看財稅上的陋規：台灣百姓做生意者或有錢財者，無不備有兩本甚或三本以上帳冊，一本是給政府查稅的，一本或兩本叫內帳，是真正計算自己盈虧的，幾十年下來，哪一個不聽話，執政當局就來查稅，祖孫三代的查，查到你撐不住聽話為止，因在重稅下，所謂節稅與逃稅，其間只一牆之隔。百姓無不在有罪與無罪之間閃躲，給執政當局有機可乘。

就這樣，幾十年下來，台灣的官場與民間，都受到中國陋規惡習的破壞，日治五十年的教化拋之腦後；許許多多的台灣人與中國人一樣，貪污、腐化、奢靡了。

結果是，惡性循環，社會上治安敗壞，小偷強盜橫行，道德淪喪，說謊不臉紅，強辭強辯，巧取豪奪，不知廉恥心何在！台灣流行了兩句話：

「殺頭的生意有人做，賠本的生意無人做。」

「只要我喜歡，有什麼不可以。」

白道如此，黑道亦如此，官場如此，商場亦如此，甚至「白道比黑道更可怕」，「官場比商場更黑暗」。

台灣的社會就這樣「往下沉淪」了，失去「教化」了。

我們還觀察到，許許多多官場、商場人物，撈了錢就舉家移民國外，深怕東窗事發走不了。我們也觀察到，許多在位很風光的人，事後都很後悔，甚至再無臉見親友或大眾，甚至一輩子受良心譴責，憂鬱以終。

這些，台灣的沉默百姓，都一一看在眼裡。

台灣進入西元二千年，台灣人演出天蠶變，用選票變天，五十五年執政的國民黨在一夕之間易手，成立才十四年的民主進步黨，僅以「打倒黑金」的簡單訴求，就意外取得第一次政黨輪替的執政機會，要求清廉、反貪污，成為台灣人最大希望。台灣人希望走出中國陋規惡習的陰影，台灣人希望成為法治、清廉、有教化的新台灣人，新的台灣人正在小步向前走。我們可以觀察到，台灣人所受到的中國陋規污染既深且廣，不是短時期可以改正得了的，我們祝福新的台灣人有毅力的長時期的勇敢向前走。

中國進入第二十一世紀，中國人說二十一世紀是中國人的世紀，我們也祝福中國人在二十一世紀中，走出舊的窠臼，蛻變成新的中國人。讓我們一起祝福吧！

參、落幕

「物競天擇，適者生存。」——達爾文——

這是「進化論」的名言，進化論是達爾文發明的，達爾文是英國人（一八〇九——一八八二，七十三歲），他觀察自然界的生物，發現自然界的法則是：「物競天擇，適者生存。」

達爾文發明進化論的過程，有一段歷史背景，在此特別介紹：

一八三二年，二十三歲的達爾文到南美洲作歷史性的觀察航行，在今阿根廷南方造訪羅薩斯將軍營地，這時將軍正在掃蕩彭巴草原上的印地安人，他正巧看到，將軍領導的一群高卓牛仔騎馬出去追捕一群印地安人，這群印地安人正在越過開闊的草原，高卓人先殺了圍剿時反抗的人後，終於圍住了一一〇名男人、女人和小孩，他們射殺了全部的男人，只留下三名審問；略有姿色的女孩被擺在一旁，準備分配給高卓牛仔們，不過老女人和醜女孩也當場處決，孩子們被關起來，準備當奴隸出售。

三位倖存的印地安人，由於拒絕透露部落其他成員的去向，也依次遭到殺害。

年輕的達爾文看到印地安人集體被屠殺的情形，在心裡產生震撼，他觀察到在一塊未開化的蠻荒地上，不是勝利，就是死亡。他也看到高卓人割喉殺人的場景，更令他銘記在心。

割喉是高卓人的最愛，在打鬥時，旋轉他的雙彎刃鋼刀，伺機一擊，讓對手喉嚨開花，是最大滿足。在殺俘虜時，有這樣的描寫：

「一旦割過堅硬、骨瘦如柴的老喉嚨之後，若找到一個擁有好頸子的年輕犧牲者，就彷彿是種慰藉：倘若對象是這類年輕人，他們就不急著完成割喉的動作，反而以一種含情脈脈的悠閒方式執行……他們執行這件事就好像一隻可怕的野獸，陶醉在自己的殘忍行為中。他們會用心聆聽俘虜為了軟化他們的心而說的每一句話，所有令人心碎的祈禱和懇求，然後答道：『唉！朋友（或小朋友、兄弟），你的話使我深受感動，我會因為你本身、因為你那哺育你長大的可憐母親而饒了你，因為在這短短的時間裡，我已對你產生了非凡的友誼；可是你美麗的頸子使我無法饒了你，因為我怎麼可能叫我自己拒絕享受割斷如此一個頸子的樂趣——這麼好看，這麼平滑柔軟，這麼白皙！想想那景象！溫暖的紅血從白柱子般的頸子湧出來！』等等。其間，他們會不斷地在俘虜的眼前揮動鋼刀，直到一切結束。」

達爾文對此就指稱：「彷彿在割你喉嚨的同時，還要向你行個禮。」

這趟航行與見識，使他對生命進化起了革命性的轉變。

事後也證明，在阿根廷的印地安人，被整個滅絕，而在美國，倖存的印地安人，也被趕進保護區內。回過頭來看，更能印證達爾文由此觀察而發明的「進化論」的價值所在。

在台灣，我們也用這方式，來觀察台灣島上的人，怎樣生存競爭。

首先，來看原住民，如前所述，在荷蘭人治台期間（一六二四—一六六二），原住民有人口約十五至二十萬人，比當時的漢人三至五萬人還多，惟至清朝末期，在平地的平埔族原住民，絕大多數已漢化，原因是與漢人通婚，以及在賜漢姓、改風俗、設社學三項措施下形成的；而在山地的高山族，也在開山撫番政策下，縮小住區。到目前台灣的所有原住民的十多個族，總人口數約三十五萬人，在台灣總人口數二千三百多萬之中，佔的比例很小，成為被保護的少數民族，由歷史進化來看，原住民的漢化是必然的趨勢。

其次，來觀察一群在彰化平原的「福佬客」，人口有十六萬之多，現集中於員林、埔心、大村、永靖、田尾、社頭、竹塘等鄉鎮，祖籍是客家，清初來台，經二百多年，在清末就已完全福佬化，不再會講客語，完全講閩南語，這是因為居住地是平原，在南北來往上交通便捷，被多數的閩南人同化，而稱之為福佬客，這也是歷史進化的結果。（詳情請參閱拙著：三山國王廟）

最後，我們要觀察，一九四九年前後來台的大陸各省的中國人，俗稱外省人，當時的人口數有一百多萬人接近兩百萬人，與當時台灣人六百萬人口，約一比三點多的比例，在政治力上中國人有軍隊力量在手，也有各省來的許多菁英人才，因此五十年來居於統治者地位；但台灣人佔人口多數，且人口素質在日本五十年教化下，平均水平在中國人之上，因之，經過五十年，即二代到三代後，人口有顯著變化，因通婚的關係、教育的關係，以及社會交往的關係，自認是台灣人的佔有百分之八十五以上，自認是外省人的不到百分之一五。我們應可繼續觀察下去，依進化的原則，外省人的台灣人化，是必然的趨勢。

到那時候，二二八的陰影自然會消失，二二八事件自然就落幕。時間加忍耐，是解決罪惡的惟一良方。

參考資料

一、國史館，二二八事件檔案彙編㈠～㈥，國史館，二〇〇二～二〇〇四年（簡稱檔案彙編㈠～㈥）
二、台灣省文獻會，二二八文獻輯錄，省文獻會，一九九一年（簡稱文獻輯錄）
三、台灣省文獻會，二二八文獻續錄，省文獻會，一九九二年（簡稱文獻續錄）
四、台灣省文獻會，二二八文獻補錄，省文獻會，一九九四年（簡稱文獻補錄）
五、賴澤涵，二二八事件研究報告，時報文化公司，一九九四（簡稱研究報告）
六、張炎憲等，嘉義驛前二二八，吳三連基金會，一九九五
七、張炎憲等，諸羅山城二二八，吳三連基金會，一九九五
八、張炎憲等，嘉雲平野二二八，吳三連基金會，一九九五
九、張炎憲等，台北南港二二八，吳三連基金會，一九九五
十、張炎憲等，台北都會二二八，吳三連基金會，一九九六
十一、張炎憲等，淡水河域二二八，吳三連基金會，一九九六
十二、葉芸芸，證言二二八，人間出版社，一九九〇。
十三、戴國輝、葉云云，愛憎二二八，遠流公司，一九九二
十四、李筱峰，解讀二二八，玉山社，一九九八
十五、李筱峰，台灣史一百件大事（上、下），玉山社，一九九九
十六、吳濁流，台灣連翹，草根出版公司，一九九五
十七、陳芳明，蔣渭川和他的時代，前衛出版社，一九九六

十八、蔣梨雲等，蔣渭川和他的時代附冊，前衛出版社，一九九六
十九、蘇新，未歸的台灣鬥魂，時報文化公司，一九九三
二十、周夢江、王思翔，台灣舊事，時報文化公司，一九九五
二十一、葉榮鐘，台灣人物群像，時報文化公司，一九九五
二十二、司馬嘯青，台灣五大家族（上、下），自立晚報社，一九八七
二十三、吉田莊人（著），彤雲（譯），從人物看台灣百年史，武陵出版公司，一九九五
二十四、行政院研考會，二二八事件檔案導引，自印，民二〇〇一
二十五、林再復，台灣開發史，自發行，民一九九〇
二十六、張玉法，中華民國史稿，聯經公司，一九九八
二十七、楊碧川，台灣歷史年表，自立晚報社，一九八八
二十八、謝雪紅，我的半生記，楊翠華出版，一九九七
二十九、林衡道，台灣開拓史話，青文出版社，一九七六
三十、曾慶國，吳郡山租舘，台灣古籍出版公司，二〇〇六
三十一、曾慶國，三山國王廟，台灣省文獻會，一九九九再校版。

表索引

附件索引

照片索引

照片來源：

除以下列舉者外，皆「台北二二八紀念館」提供：

*1.*林江邁及林明珠兩張：聯合報95年3月6日。

*2.*陳儀之墓一張：聯合報95年4月3日。

*3.*阮朝日一張：阮美珠提供。

*4.*張七郎、張宗仁、張果仁及合墓共四張：張安滿提供。

國家圖書館出版品預行編目資料

二二八現場：劫後餘生 / 曾慶國作. -- 二版. --臺北市：台灣書房, 2010.01
面；　公分. --(閱讀台灣；5)
參考書：面
含索引
ISBN 978-986-6318-00-9 (平裝)
1.二二八事件
733.2913　　　98022410

閱讀台灣　8V07

二二八現場：劫後餘生

作　　者　曾慶國(283)
編　　輯　雅典排版工作室
封面設計　童安安

發 行 人　楊榮川
出 版 者　台灣書房出版有限公司
地　　址　台北市和平東路2段339號4樓
電　　話　02－27055066
傳　　真　02－27056100
郵政劃撥　18813891
網　　址　http://www.wunan.com.tw
電子郵件　tcp@wunan.com.tw
總 經 銷　朝日文化事業有限公司
地　　址　台北縣中和市橋安街15巷1號7樓
電　　話　02－22497714
傳　　真　02－22498715

顧　　問　元貞聯合法律事務所　張澤平律師

出版日期　2010年1月 二版一刷
定　　價　新台幣220元整